中国少数民族设计全集

The Design Collection of Chinese Ethnic Minorities

基诺族

中国少数民族设计全集编纂委员会 编

图书在版编目（CIP）数据

中国少数民族设计全集. 基诺族 / 中国少数民族设计全集编纂委员会编；汪传跃等著. —太原：山西人民出版社，2019.10
ISBN 978-7-203-11116-0

Ⅰ. ①中⋯ Ⅱ. ①中⋯ ②汪⋯ Ⅲ. ①基诺族 – 民族文化 – 研究 – 中国 Ⅳ. ① K28

中国版本图书馆 CIP 数据核字（2019）第 231220 号

中国少数民族设计全集. 基诺族

编　　者：	中国少数民族设计全集编纂委员会
著　　者：	汪传跃　等
责任编辑：	席　青
复　　审：	刘小玲
终　　审：	阎卫斌
装帧设计：	谢　成

出 版 者：	山西人民出版社　人民美术出版社
地　　址：	太原市建设南路 21 号
邮　　编：	030012
发行营销：	0351 – 4922220　4955996　4956039　4922127（传真）
天猫官网：	https://sxrmcbs.tmall.com　电话：0351 – 4922159
E — mail：	sxskcb@163.com　发行部
	sxskcb@126.com　总编室
网　　址：	www.sxskcb.com

经 销 者：	山西出版传媒集团·山西人民出版社
承 印 者：	山西出版传媒集团·山西新华印业有限公司

开　　本：	889mm×1194mm　　1/16
印　　张：	14.5
字　　数：	180 千字
印　　数：	1—1 000 册
版　　次：	2019 年 10 月　第 1 版
印　　次：	2019 年 10 月　第 1 次印刷
书　　号：	ISBN 978-7-203-11116-0
定　　价：	240.00 元

如有印装质量问题请与本社联系调换

中国少数民族设计全集编纂委员会

总 主 编　（按年龄排序）
　　　　　　张夫也　王立端　戴晋明　廖　军　王　琥　李豫闽　过伟敏　顾　平
　　　　　　王　强　李　岗
执 行 主 编　王　琥
编 务 统 筹　张明山

中国少数民族设计全集编辑工作委员会

主　　　任　刘伟冬
编　　　委　（排名不分先后）
　　　　　　王　琥　王　峰　王　强　王立端　王浩滢　白　波　过伟敏　许　星
　　　　　　许边疆　李　岗　李　丽　李豫闽　成光虎　肖　飞　余　强　汪传跃
　　　　　　罗　力　杨明朗　陈　述　陈见东　邱　珂　胡万明　顾　平　郑　静
　　　　　　郭立忠　姬　莹　张夫也　张泽国　张明山　张秋平　张耀引　梁盛平
　　　　　　樊　进　谢　玮　熊　伟　熊　微　熊建新　蔡克中　葛　芳　鞠　斐
　　　　　　魏　洁　廖　军　戴晋明

中国少数民族设计全集出版工作委员会

主　　　任　胡彦威　周　伟
执 行 主 任　姚　军　欧京海
编 务 统 筹　阎卫斌　周小龙
编　　　辑　（排名不分先后）
　　　　　　王新斐　史美珍　冯　昭　冯灵芝　吉　昊　吕绘元　刘小玲　任秀芳
　　　　　　孙　琳　孙宇欣　李广洁　李建业　李　靖　员荣亮　张小芳　张志杰
　　　　　　张书剑　何赵云　陈俞江　吴春华　武　静　周小龙　柳承旭　郝文霞
　　　　　　赵　玉　赵晓丽　席　青　秦继华　高　雷　郭向南　阎卫斌　崔人杰
　　　　　　傅晓红　蔡咏卉　翟丽娟　樊　中　薛正存　魏　红　魏美荣
整 体 设 计　谢　成

中国少数民族设计全集·基诺族

本册著者　汪传跃　周　坚　卢　漫（傣族）
　　　　　　孟依柯　傅蜀燕
参与撰写　孙　鉴　李　迪　田炎梅　乔宁宁
　　　　　　施魏祥　李思绮　谢海波　朱晓琳

求同存异　和合共荣

刘伟冬

中华民族，是一个由56个民族组成的大家庭。在漫长的文明发展史中，汉族和各少数民族都为中华文明的繁荣发展贡献了自己的聪明才智。纵观中华文明史，其实就是一部各族群之间"求同存异，和合共荣"的文化演进史。

从根子上讲，4000年前的"中国"，仅指北方中原地区，居住在这里的相传是上古时期黄帝部落和炎帝部落的后裔，故而自称"炎黄子孙"。其时的"中国"，不过是黄河中下游（西起陇山，东至泰山）区域。在千年发展与民族融合之后，尤其是晋末"衣冠南渡"，南迁的中原汉族与南方百越民族彻底融合，来自北方的鲜卑等民族融入汉族，使汉族前所未有地壮大发展，逐渐形成后来疆域辽阔、人口众多、物产繁盛、文化昌明的中华民族的主体族群。特别值得强调的是，自从作为一个民族整体之后，中华民族就从未中断过自己的民族发展史——这在世界历史上是硕果仅存、独一无二的。

中华民族具备兼容并蓄、虚心好学的民族天性。仅以设计学范畴的事例讲：在数千年文明发展历史中，中华民族在不断向外输出优秀的文明成果（如烧造之陶瓷砖瓦、营造之榫卯斗拱、织造之丝绸刺绣、锻造之"失蜡"分模等），影响全人类的日

常生活与生产方式的同时，也不断地吸纳域外各民族的优秀文明成果，如汉魏之印度佛教和西域音乐、隋唐之西亚服饰和家具、宋元之东洋印染和漆艺、明清之西洋机器与建筑……在中华民族内部，这样的文化交流更是从未停止过，而且是风生水起、枝繁叶茂，愈发流畅、深入，中华民族各族群之间"求同存异，和合共荣"的文化大演进，共同创造了中华民族极为灿烂辉煌的造物文明历史。仍以设计学范畴为例：原本是匈奴人发明的单足绳圈，被晋代的汉族人设计成铁质双镫；最早是鲜卑人原创的毡毯卷边，被晋代的汉族人改造成"高桥马鞍"，这宗中国式马具设计案例，被誉为"13世纪中国传入欧洲的最重要文化成果"（李约瑟语）。再如，西域（今新疆地区）是全世界最早的皮靴生产地，哈尼族为主的红河地区出现了全世界最早的梯田。再如，全世界最早的"干栏式建筑"和全世界最早的稻米人工育种、栽培，均起源于长江中下游的百越地区；全世界最早的竹藤编结器物起源于闽越地区……由中华民族共同创造、发明，后来又影响了全人类文明进程的优秀造物设计案例很多，不胜枚举。几千年中华民族的文明史，就是各种文化多元融合、共同发展的最好例证。不了解中华民族内部各族群的文明交流史，就无法真正理解中国文化史，也不能理解为什么中华民族总是能在逆境中成长强大。甚至可以说，能否完整地理解中华民族的文化史，是检验每一个当代中国知识分子（特别是文史哲专业的学者）文化立场的"试金石"。

随着改革开放的逐渐深入，各民族地区的经济与社会状态已发生了天翻地覆的变化。令人遗憾和担心的是，由于各地区政策执行力度不平衡，保护措施不得力，少数民族的文化特性正在逐步衰退，有些地区的少数民族文化特征甚至已经消失殆尽，仅仅存在于徒具形式，充满口号、标语的民族文化村旅游景点中。有学者预言，再不加快整理抢救工作，中国的少数民族可能在物质形态和文化内涵的特征上，若干年后将不复存在。

从少数民族地区反映古代中国社会某些面貌的文化遗存看，这些少数民族之所以一直与汉族地区差距巨大，存在多方面的原因，其中历代汉族统治者对少数民族的歧视政策是主要原因。此外这些地区本身就处于偏僻荒地，不是沙漠就是山区，自然条件远不及汉族聚集地区，社会发展水平滞后。20世纪50年代，有相当比例的少数民族在当时仍处于原始农耕社会或奴隶制社会，不要说通电、通水、通汽车，不少人一辈子连铁器长什么样都没见过。部分少数民族聚集地的各种自然条件也较差，缺肥少水，基本生活来源，一靠老天爷恩赐的"望天收"农作物；二靠家庭手工作坊制作些竹藤编结物和土织、土陶等土特产来换取粮食；三靠养猪、兔、羊和鸡、鸭、鹅等家禽来换取日用品，如灯油、农具、衣物和油盐酱醋等；四靠为土司、头人和大户们出卖劳力（社会底层奴隶身份），年老即被抛弃。中华人民共和国成立后，党和政府在这些地区实行社会主义改造，打倒以土司、巫师和头人为首的剥削阶级，将土地和生产资料一律收归集体所有，解放了全体少数民族民众，使他们历史上第一次有了自由劳作和生活的权利。

中华人民共和国成立之初，党和政府就高度关注民族事务问题，为如何保护、关心各少数民族制定了一系列方针、政策，也为当代中国社会处理民族问题、保护民族文化树立了光辉典范。中央人民政府政务院于20世纪50年代初发布了《关于民族事务的几项决定》，为新中国民族政策奠定了最初的思想基础，其主要内容是：一、各大行政区军政委员会（人民政府）须指导各有关

省、市、行署人民政府认真推行民族区域自治及民族民主联合政府的政策和制度，并随时向政务院报告推行经验，请示者须事前向政务院请示。二、各大行政区军政委员会（人民政府）须指导各有关省、市、行署人民政府认真并有计划地实行政务院在1950年颁发的《培养少数民族干部试行方案》，并将该项工作进行情况定期加以检查，每半年向政务院报告一次。中央民族学院及西北、西南、中南各军政委员会和新疆省人民政府的民族学院，必须依计划实行，并向政务院报告。三、政务院于1951年下半年适当时间将同时召开有关少数民族的卫生、教育及贸易三个专业会议，责成政务院文教委员会、中财委指导中央卫生部、教育部、贸易部开始筹备，并责成中央民族事务委员会协助进行。有关部门如农业部、文化部也须派人参加。四、责成中央人民政府各委、部、会、院、署、行注意建立有关民族事务的业务。五、在政务院文教委员会内设民族语言文字研究指导委员会，指导和组织少数民族语言文字的研究工作，帮助尚无文字的民族创立文字，帮助文字不完备的民族逐渐充实其文字。六、扩大中央民族事务委员会委员名额，责成中央民族事务委员会提出补充名单的建议，并于1951年下半年召开中央民族事务委员会扩大会议，检查与总结关于推行民族区域自治及民族民主联合政府的经验。

20世纪50年代，中央人民政府和政务院，曾多次组织"中央慰问团""土改工作队"和"普查工作队"等，花费大量人力和物力，深入各少数民族地区，进行了大量较为翔实的社会历史调查。50年代这轮由政府统筹、由中央民委组织行政领导和人类学、社会学专家学者以及民族同志组成工作队与考察队的少数民族大考察活动，1953年正式启动，1956年结束（个别地区延期至1958年才结束）。直接成果之一，就是为1956年国务院公布的55

个少数民族的正式定名和划分，提供了可靠的依据。

从当时考察的资料看，各少数民族的社会发展水平参差不齐，不少民族呈现类似汉族曾经历过的各种历史发展状况，为我们今天考察、了解并研究过去的历史以及各学术分支问题，提供了绝好的活体范本。比如以"设计发生学"研究为例，以山寨（村落）为主的初级社会组织形态，原始手工业在农耕环境中的地位，原始造物的手工技艺与设备、工具等，都是我们极感兴趣的研究对象。

在西北、西南和东北各少数民族聚集地区，有些古时流传下来的本民族手工造物技术，迄今仍保存良好。其吸收了汉族和其他兄弟民族的技术长处之后演变出来的各时段手工造物技术，则印证了各民族互相融合、取长补短的史实。更有些原始手工艺，特别具有艺术和历史研究价值。以维吾尔族人为例，本世纪初，笔者在新疆喀什城艾格孜艾日克老街看到几样手工艺绝活：其一是整条街的维吾尔族乐器店，除了热瓦普、曼陀林和冬不拉等少数维吾尔族知名乐器外，全是些笔者叫不上名来却似曾相识的弹拨乐器和拉弦乐器，于是从心里认可了"西域古乐成就了中国传统民乐"这句话所言不谬。其二是亲眼所见一个拖着鼻涕的不到10岁的维吾尔族小男孩，拿着电砂轮在铜壶上信手飞快地刻着精美细腻的图案，一不要底稿，二没有图纸，真是佩服得五体投地，也相信了"汉族人长于热铸，西域人长于冷锻"这个说法。其三是在喀什近郊著名的大巴扎"金器一条街"上看见近百家金店生意红火，家家门前毡毯上都围坐着一群金店伙计和顾客，正在热烈讨论、共同设计着花样繁多的未来金饰嫁妆，感受到了"中国传统样式的金银首饰工艺，最富有创意的设计和最先进的工艺制作，原来在维吾尔族人手里"这句大实话。还有，笔者

求同存异　和合共荣

在云南景洪县城集市上，曾亲眼见过景颇族老乡用古老的"焖烧法"烧出的红彤彤的土陶——跟笔者一知半解的仰韶彩陶的烧制工艺几乎一模一样。还有，笔者在大西北甘陕宁各省亲眼所见的回族、保安族、裕固族和东乡族老乡巧手做出的那些花样繁多、样式复杂的面塑造型，真是个个精妙绝伦。这方面的事例实在太多了。

50年代的少数民族地区社会大普查，以及半个多世纪以来社会各界对其丰富而珍贵的考察、研究，意义深远，价值极为重大。这些地区客观上保存的较为完整的、与数千年前中国原始社会最初形态近似的许多社会特征，为我们研究社会的最初形态形成和当时的经济、文化、政治的基本状况以及"设计发生学"的相关课题，提供了珍贵的类型学"活化石"范本，价值非凡。改革开放以来，这些少数民族地区也获得了前所未有的巨大发展，人民生活日新月异；但与此同时，少数民族地区的民族性在不可避免地愈发衰减、退化，甚至消失。如果我们再不采取保护措施，若干年后，各少数民族的许多宝贵民族文化遗产将无法挽救地彻底消亡，这部分同属于全人类精神财富和中华民族集体智慧的宝藏，我们将再也看不到了。

在"设计发生学"问题上，我们一向秉持文化多元论的观点，认为人类文明是全世界人民共同创造的，各国家、地区、民族均做出过大小不一、形态各异的贡献；同理，中华民族的灿烂文明是中国的各族人民共同创造的，每个民族都对中华传统文化做出过贡献，也都应当得到尊敬和肯定。中国的各少数民族在中华文明漫长的演化过程中，都曾经以自己独特而充满智慧的文明成果，补充、完善甚至改良着中华文明。比如，古代西域的龟兹古国各民族创造或引自西亚的弹拨乐器和拉弦乐器以及音律、曲式,彻底改造了中国古代音乐,新创作出代表中国古乐精髓的江南丝竹;南疆的维吾尔族和北疆的哈萨克、塔塔尔、塔吉克等族首创了制革术,并引进古波斯革皮书籍装帧术和制靴术、制毡术、毛衣编结术;海南岛的黎族率先种植棉花并纺织棉布,传入内地后棉织业逐渐形成中国古代手工行业的"天下第一营生"……保护少数民族的民族文化特性,就是保护我们的历史遗产,就是传承我们的文明。我们应进一步发扬文化兼容的优良传统,把振兴中华的百年民族复兴梦,逐步落实为将大中华建设成为中国各民族共同拥有的美好家园。

由上千名来自全国各高等艺术院校的教授、研究生组成的55支团队参与编撰的《中国少数民族设计全集》(55卷),正是有识之士基于对各少数民族的民族文化特性正在快速衰减、消亡的严重现实问题的深切忧虑而进行的抢救、发掘、整理中国少数民族文化遗产的重要文化工程。经过两年精心筹划,六年努力写作,在国家出版基金管理部门的支持下,在山西人民出版社和人民美术出版社的策划和组织下,目前《中国少数民族设计全集》的书稿编撰工作已基本完成,即将付梓。在长达八年的漫长过程中,全国兄弟院校各团队涌现出的各种可歌可泣的事迹经常感动着笔者,并不时鞭策着全体作者克服千难万险,一路向前。有的分卷作者身患绝症仍不眠不休地忘我工作,有的分卷作者遭遇各种意外仍坚持工作。特别是,很多民族同志公而忘私、不计较个人得失,有人不惜将自己赚钱的企业关张歇业,全身心地投入各自所负责分卷的繁重编撰工作中;有人义无反顾地将自己珍藏多年的本民族实物、资料和研究成果无偿提供给相关分卷作者。大家万众一心,克服各种复杂得难以想象的困难,以确保这部凝聚了众人八年心血的巨著,能按计划如期完成。借此机会,笔者谨

代表本丛书编委会全体成员，向领导、编辑和作者们表示衷心的感谢！

作为一项文化创举，笔者深信《中国少数民族设计全集》必将在未来岁月的长期检验中，愈发显现其非凡的、独特的文化价值。

2017年夏季于南京

前言

本卷为《中国少数民族设计全集》之基诺族卷，共收录与解析了47个案例。这些案例涵盖了基诺族传统生活的衣、食、住、行、用五大方面，共分为基诺族传统建筑、基诺族传统服饰、基诺族传统餐饮、基诺族传统生活用具、基诺族传统生产工具、基诺族传统手工艺、基诺族传统民俗和宗教造像七大部分。

基诺族传统建筑，选取了以卓巴房（"大房子"）为代表的民居建筑，分析了基诺族建筑的形式功能、木结构体系、竹木结构节点、屋顶、屋脊、楼板、晾台、墙体门窗、火塘的做法与细部特点，共9个案例。基诺族建筑形式在地形适应性、民族特征等方面具有独特之处。基诺族人大多居住在云南省景洪县基诺山地区，气候湿润多雨，温度适宜。基诺族的建筑大多为居住建筑，一般按世系和亲缘关系分别用竹、木和茅草建造成大小不等的"干栏式"长房，也称"大房子"，另有少量祭祀用的墓葬小竹屋、仓房等，多选择建造在基诺山的一些地势起伏相对较小的平坝上。从外形上看，基诺族的大房子与附近地区的干栏式建筑类似，但屋顶一般坡度更大且设置披檐，二层的围护体系相对更为封闭。从功能上说，大房子的底层敞开架空作为仓储或饲养家畜使用，二层则可以容纳家族的起居、睡眠、交往、祭祀等日常活动，其中空间以各家的火塘为中心，两边设置卧室等，入口处有客房和宗教用房，功能内外分区清楚，既可以满足家族生活的需要，又兼顾了小家庭的相对独立性。在结构体系上，基诺族建筑一般采用简单木构架，以穿斗式为主，受加工水平的限制，其构件之间的榫卯节点比较简单实用。

基诺山冬季和夜间气温偏低，所以基诺族建筑的墙体多用木板围合严密，门窗相对较小、开闭方便，便于保温通风、维持室内的舒适性。基诺族建筑的一些细部，如火塘等反映了其民族特有的习惯或宗教特征，是其重要特点。

基诺族传统服饰，选取了男子上衣、男子裤装、女子上衣、女子肚兜、女子筒裙、黑色包头、白色三角形尖帽、草鞋、筒帕、竹木耳环共10个案例。这些案例以服装为主体，辅以各类配饰来解读基诺族传统服饰的基本面貌。从服饰使用的场合来看，既有基诺族人在日常生活中的平常穿戴，又有在传统基诺族节庆中的盛装。基诺族传统服饰的材料主要是天然的纺织纤维，不仅有用纯棉的，也有用棉麻混纺的，加工并制作成服饰纺线，手工织制成砍刀布，从植物中提取织物染料，颜色上有白色、青黑色及白、黑、红等色混合的。装饰纹样主要是花草、几何纹样及宗教信仰符号，最主要的是日月花饰。配饰多就地取材，利用竹、木、植物、金属等材料,设计制作出极具民族特色和饱含美好寓意的配饰。

基诺族传统餐饮，选取了剁生、蚂蚁蛋、凉拌茶、老叶茶、芭蕉叶肉包、酸腌鱼、烤酒7个案例。这些案例反映了基诺族人日常餐饮与祭祀、供奉用的食材、酒水和器具。食材的烹饪加工方式包括了蒸、煮、炸、烤、凉拌等方法，犹以生食最具特色。由于基诺族地区气候湿热，因此当地人喜食酸辣冷凉的食物。食材的原料既有自己种的粮食及养殖的动物，也有就地取材的蚂蚁蛋及胶泥土食等。而用来烹饪食材的器具除了日常所用的灶具，还有芭蕉叶、竹筒等取之于自然的绿色器具，既天然环保又保持食材的原汁原味。再如，基诺山是一个著名的产茶区，驰名中外的普洱茶是当地的特产，民间多喜喝老叶茶，喝茶时一般都将老叶揉炒后放入茶罐加水煮至汤浓方饮。传统的饮食器具多为竹制和木制，手工打制而成。

其造型实用大方,取材使用都很便利,体现了基诺族人适应自然的智慧。

基诺族传统生活用具,选取了竹制水杯、水桶、竹制桌凳、竹碗、竹筒5个案例。由于当地阳光充足、气候湿热有利于植物的快速生长,四季如春的天气适合竹子的快速成材,因此,竹子成为基诺族人制作生活用具的主要材料。水杯、水桶、竹碗用竹节直接削切成型,实用轻便,器物表面运用了浮雕、透雕、镂雕及錾刻等手法将原本普通的竹、木加工成了既具有使用功能又具有美学享受的生活用具。

基诺族传统生产工具,选取了常用生产工具(小弯刀、腰刀、大长刀、锄、手锄、点种铲)、腰刀小背篓、扁担、地弩、对冲、织布机、铁犁、木耧8个案例。这些案例中不仅包含了农耕生产工具,还包含部分食物加工、狩猎工具及织布机等用具,体现了基诺族劳动人民在长期的生产和生活的实践中的智慧及对生活经验的总结。其中,扁担这个工具尤为特别,扁担本身就是树上砍下的柴料,基诺族人巧妙地运用绳索的捆扎技巧,简单地将柴料转变为生产工具;点种铲的发明不仅减轻了劳动强度,而且提高了播种效率;对冲就是将杠杆原理运用到实际的生活劳作中,可以加工出软糯香甜的糯米粑粑。

基诺族传统手工艺,选取了砍刀布、日月花饰、打铁3个案例。砍刀布是用古老的腰机织布,是一种简单而古老的传统织布工艺,其布色彩亮丽,牢固耐用。这既是一种由生产方式决定的自下而上的文明演进,也是民族与文化间良好融合的体现,至今仍在运用。基诺族装饰布的传统图案是简单的几何形,以红、黑、黄三色为基本色调,以自然生活中的花卉太阳花或月亮花组成日月花饰,其不仅是服饰上的图案,更是民族精神与文化的抽象体现。时代变迁,日

月花饰在当代的服装设计中依然被传承着。

基诺族传统民俗和宗教造像，选取了高跷、太阳鼓舞、独木棺葬、屋柱、宗教符号5个案例，涉及了节日、宗教、丧葬等方面的内容。例如，独木棺就地取材，制作简单方便，而且废弃时可自然风化，对环境没有影响。这种丧葬习俗反映了基诺族人对土地和环境的本能的、敬畏的、可持续循环利用的态度，既有物质上的祭奠，亦有精神上的寄托，体现着人与自然的和谐共生。再如，基诺族人视太阳鼓为神灵的化身、村寨的象征，是基诺族的礼器、重器和神物，基诺族人认为它能保佑全寨人丁兴旺、五谷丰登。基诺族传统礼俗的形成发展主要根植于其民族的宗教与信仰，所有实用与寓意相结合的用物都是在此基础上产生发展而来的，是构成基诺族礼俗文化的重要组成部分。

本书的编撰团队成员主要来自河海大学土木与交通学院"建筑与景观研究所"的师生。主要参编人员为：汪传跃、周坚、卢漫、孟依柯。南京艺术学院工业设计学院的孙鉴、乔宁宁、施魏祥、田炎梅、李迪参与了插图工作，云南农业大学的傅蜀燕提供了大量的素材。

另外，案例图片均在图片来源中进行了详细的说明，在此对为本卷提供案例图片方再次表示由衷地感谢。

同时要感谢本卷所有案例图文的参考文献的作者为本卷的编纂奠定了重要的前期基础。感谢《中国少数民族设计全集》总主编王琥教授对本卷编撰与修订全过程的悉心指导和全力支持，以及不断的鞭策与鼓励。感谢《中国少数民族设计全集》出版方山西人民出版社、人民美术出版社的领导们，给予我们研究团队参与编撰本卷的机会。能够参与编撰《中国少数设计全集·基诺族》，对于我们来说，是一个全新的学习过程，是一个进一步比较全面系统地了解基诺族人及其生活和文化形态的过程。本书从2013年6月开始着手编撰，本卷编撰团队所有参编人员一直对此高度重视，认真对待。尽管编撰团队始终抱着对学术研究敬畏的态度，查阅了大量文献资料，同时编撰团队成员亦曾先后多次赴云南基诺山进行实地考察与调研，但因学识与水平有限，再加上编写体例的要求，各案例解析书写的篇幅有限，故在本卷中，无论是案例选择的典型性方面，还是具体案例解析的全面性方面，肯定存在着许多不妥之处，难免有挂一漏百、以偏概全的现象，真诚地希望广大读者批评指正。

目录

第一章　基诺族传统建筑

　　基诺族卓巴房　002
　　基诺族卓巴房木结构体系　009
　　基诺族卓巴房木结构局部节点　014
　　基诺族屋顶　020
　　基诺族屋脊　025
　　基诺族楼板　028
　　基诺族晾台　033
　　基诺族墙体门窗　037
　　基诺族火塘　043

第二章　基诺族传统服饰

　　基诺族男子上衣　048
　　基诺族男子下装　052
　　基诺族女子上衣　056
　　基诺族肚兜　061
　　基诺族女子筒裙　065
　　基诺族黑色包头　068
　　基诺族白色三角形尖帽　071
　　基诺族草鞋　075
　　基诺族筒帕　079
　　基诺族竹木耳环　083

第三章　基诺族传统餐饮

　　基诺族剁生　090
　　基诺族蚂蚁蛋　094
　　基诺族凉拌茶　099

  基诺族老叶茶　103
  基诺族芭蕉叶肉包　108
  基诺族酸腌鱼　111
  基诺族烤酒　114

第四章　基诺族传统生活用具

  基诺族竹制水杯　118
  基诺族竹节水桶　121
  基诺族竹制桌凳　124
  基诺族竹碗　123
  基诺族竹筒　132

第五章　基诺族传统生产工具

  基诺族常用生产工具　138
  基诺族腰刀小背篓　142
  基诺族扁担　146
  基诺族地弩　149
  基诺族对冲　153
  基诺族腰机　157
  基诺族铁犁　163
  基诺族泥弹弓　166
  基诺族木耧　170

第六章　基诺族传统手工艺

  基诺族砍刀布　174
  基诺族日月花饰　178
  基诺族打铁　184

第七章　基诺族传统民俗和宗教造像

基诺族高跷　188
基诺族太阳鼓舞　191
基诺族独木棺葬　195
基诺族屋柱　200
基诺族宗教符号　206

第一章 基诺族传统建筑

基诺族卓巴房

图一　基诺族卓巴房主图

长期以来，基诺族一直保存着长房社会形态，即一般按世系和亲缘关系分别聚居于大小不等的"干栏式"的民居建筑之中。基诺族人称这种建筑为卓巴房，也叫"大房子"，是用竹、木和茅草修建的矩形平面的干栏式建筑。底层架空距地面2～3米，宽10余米，长度最多达30～40米，通常采用木框架结构，内部按照功能分为不同的空间。

卓巴房一般建在较平坦、背风、距水源近的地点，便于起居生活、打扫卫生和饲养猪、鸡等牲畜。选址需经过一定的宗教仪式，然后请村寨的老人上山选树，并进行初步加工；经过初加工的梁柱材料先在山上晾晒干燥，同时请亲朋好友们帮忙割草、扎草排。干燥后的房梁、柱子经过刻凿榫卯后，众人帮着抬回寨子，挖好地基，盖房就正式开始了。按照基诺族人的风俗习惯，建房立柱要举行隆重的祭祀仪式；而房子建造完成后，还要举行上新房仪式。

卓巴房周围常设置院场、井栏等。建筑为二层干栏式，采用类似歇山形式的坡屋顶。屋顶坡度比较大，在山墙端也有披檐出挑，檐墙上方的屋顶出檐也较大，几乎可以盖住墙身，增强了墙体的防雨和隔热功能。

卓巴房的建筑结构体系采用木框架支撑，连接处使用榫卯工艺，一般不用金属连接。建筑底层架空，上层的楼板和墙壁一般用竹片或木板排列铺成。房屋的屋顶上覆盖茅草编成的草排，草排互相叠压放置，既能隔热，又能防雨。建筑的底层为架空敞开式，用于堆放工具、杂物，或者供家畜栖息。这种架空的干栏式做法既可以保持通风，又可以有效隔绝潮气，有极好的气候适应性。房屋两头对开门的左侧都设有木制楼梯，楼梯旁设竹编晾台，可以用来晾晒粮食或衣物等。建筑的上层比较干燥，采用竹制或木质墙壁，不设窗户，只在火塘上面的屋顶两端留通风口。内部主要是住人的居室和公用空间，墙体门窗可以按照户数需要划分设置。

登上木梯，穿过大门进屋，即是一个开间约为2米的长方形客房。在客房的对面专门设置有宗教用房，房内四周挂有该房内成员猎获到的动物头架、牙齿等，以炫耀大房子内集体成员的能力，平时任何人不能进入。穿过客房和宗教用房之间的走道，就进入大房子的正厅及家庭公共起居活动空间。厅内中间地面上有木条镶边的约1米宽的长条形面积，即大房子内各户的火塘（基诺族人又称锅庄），是家人就餐、待客的地方。火塘上方常用绳子或毛竹悬吊一长方形竹篾片，借助火塘的热量，用来烤干粮食和湿柴。在大房子中，一对夫妻和未婚子女为一户，拥有一个隔间和一个火塘；每户的火塘即面对着自己小家庭的卧室，所以火塘数目即为大房子内的总户数，另外还会增设专供宗教活动和来往客人使用的火塘。火塘两侧有走道，然后是各家卧室的墙壁和门，走道宽度为2～3米。大房子中，家长由年龄最长的长房成员担任，他的小家庭按习俗就应住右边最后一间，即最尊贵的家长住房，而且位置永久不变。各小户的仓房均盖在大房子周围，一般呈方形，大小不甚严格。

传统的基诺族大房子建筑形式整体功能分区明确，保证了人畜分离；内部空间长幼尊卑有序，内外有别；空间组成划分灵活。建筑采用天然材料，便于取得和加工，也利于维护。材料和节点做法亦比较具有代表性，反映了手工建造的特点，对传承基诺族建筑艺术和技术有重要作用。

在现代基诺族建筑中，仍仿照大房子的空间模式，但规模减小，经常为小家庭单独居住。另外，建筑也采用一些新材料，如金属门窗、夹层墙板屋顶等，既可以继承延续传统习惯，又可以增强保温隔热和防雨效果，改善生活条件。

图片来源
图一、图十、图十一　施魏祥　摄影
图二至图四、图六、图八　施魏祥　制图
图五、图七、图九　施魏祥、朱叶丹　制图

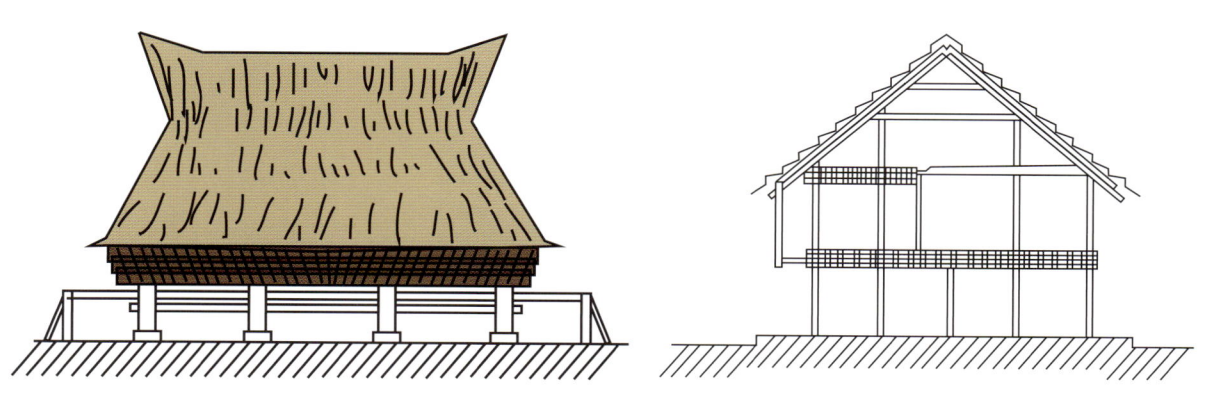

图二　基诺族卓巴房立面、剖面示意图

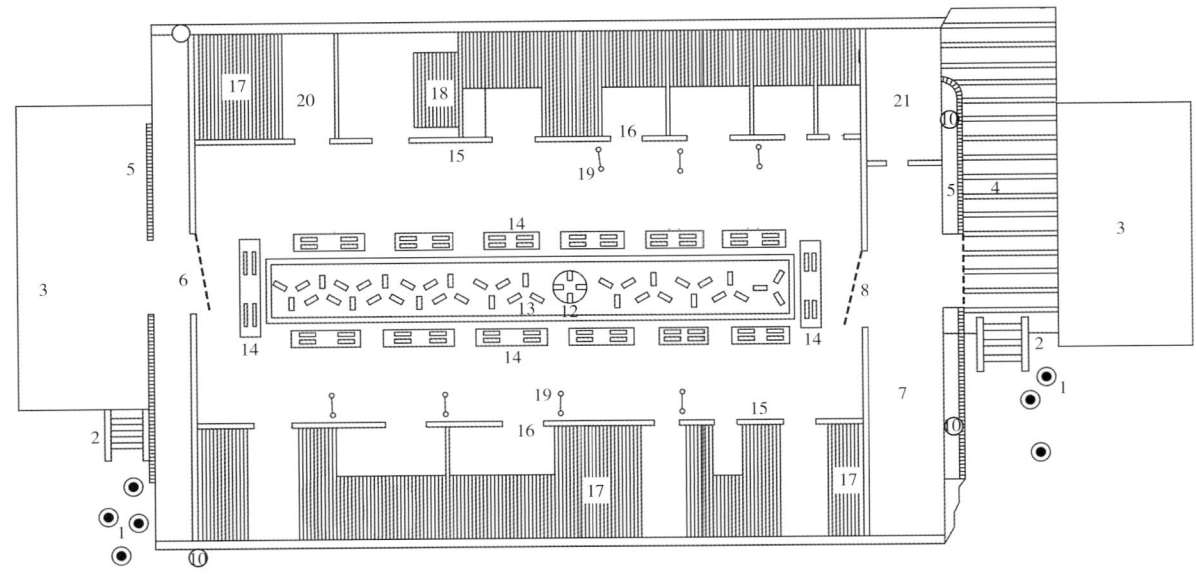

1.冲碓（木刻） 2.楼梯 3.晒台 4.木板晾台 5.房子外沿 6.房子正门 7.客房 8.内门 9.竹笆墙 10.柱子 11.宗族火塘 12.铁三角架 13.石锅庄 14.木凳 15.竹楼矮隔墙 16.个体家庭门 17.竹床 18.木床 19.竹栏 20.家长住房 21.宗教房

图三 基诺族卓巴房功能分区示意图

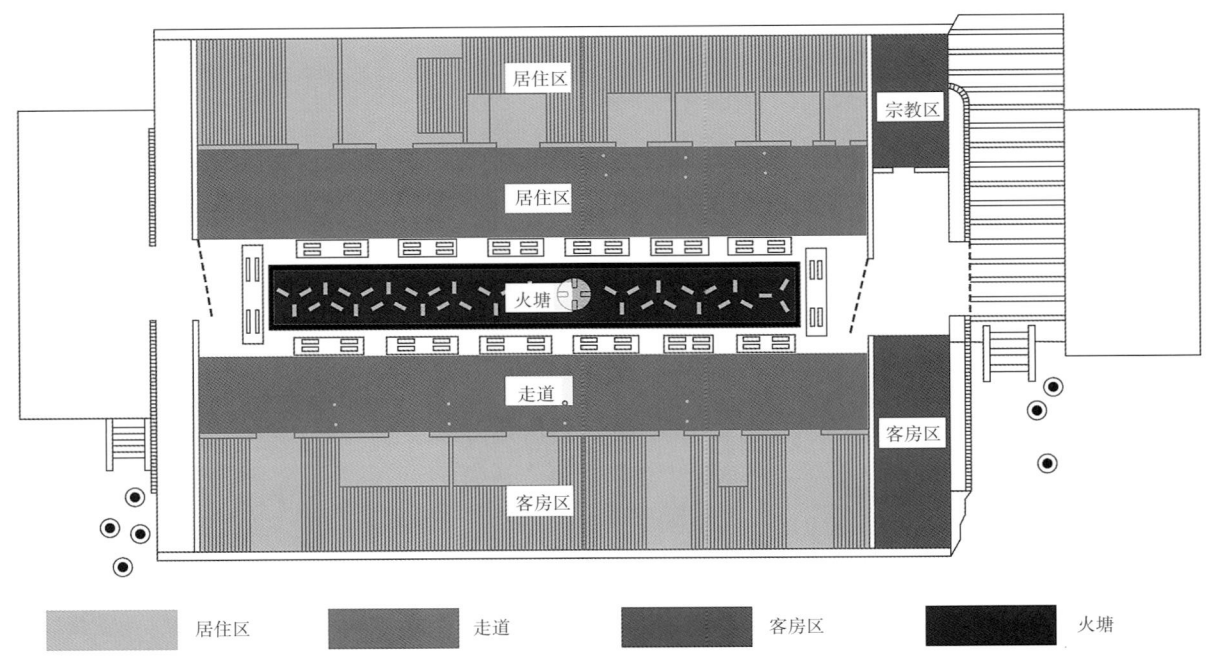

图四 基诺族卓巴房平面功能分区示意图

图五　基诺族卓巴房木结构体系示意图

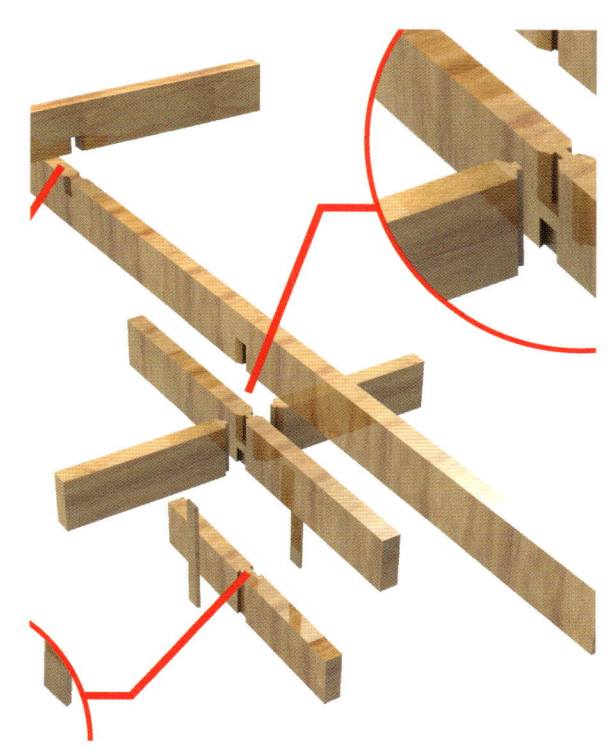

图六　基诺族卓巴房木结构局部节点示意图

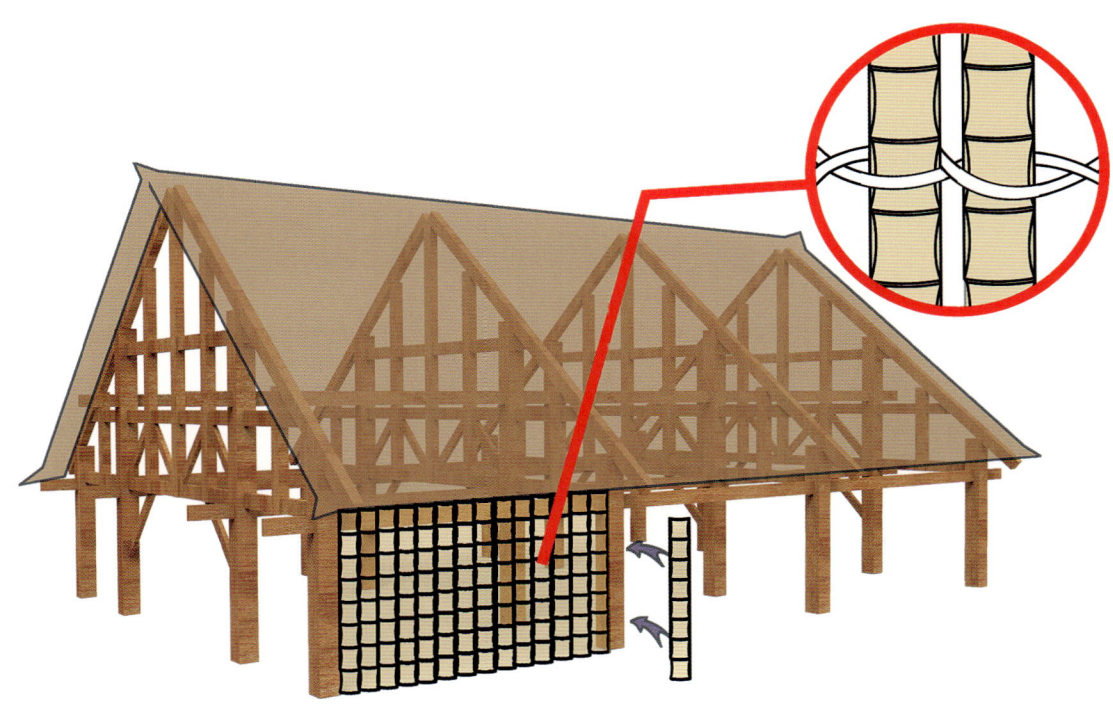

图七　基诺族卓巴房墙壁示意图

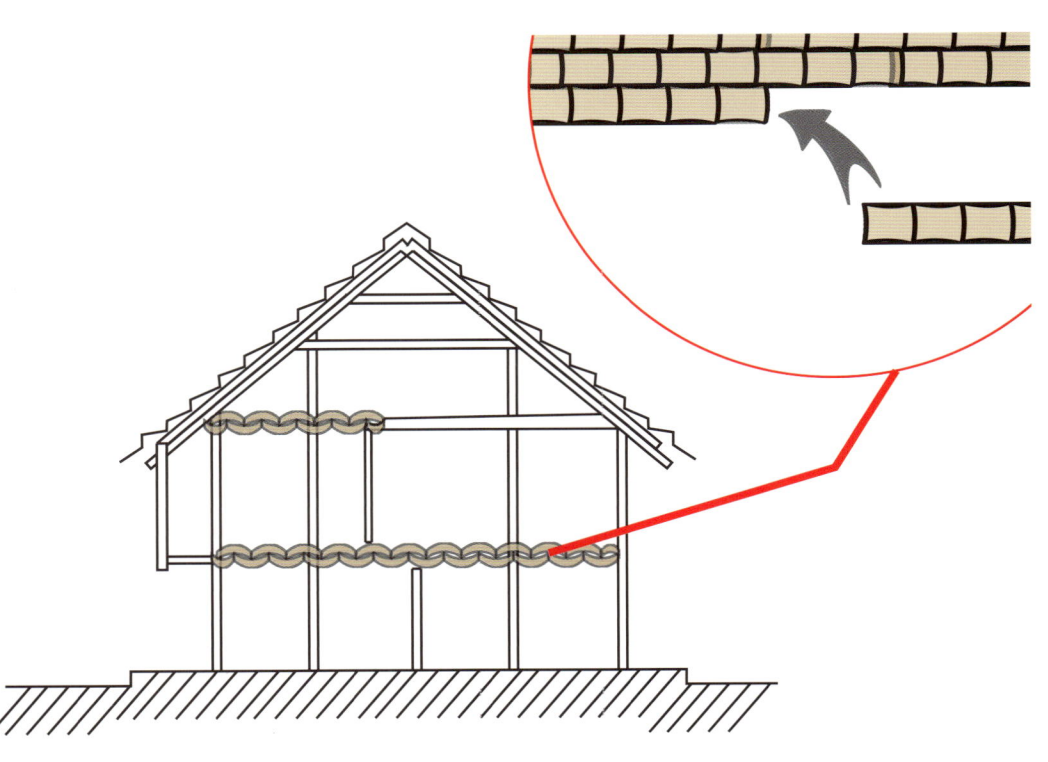

图八　基诺族卓巴房楼板结构示意图

图九 基诺族卓巴房屋顶示意图

图十 基诺族卓巴房内部情境图

图十一　基诺族山寨全景图

基诺族卓巴房木结构体系

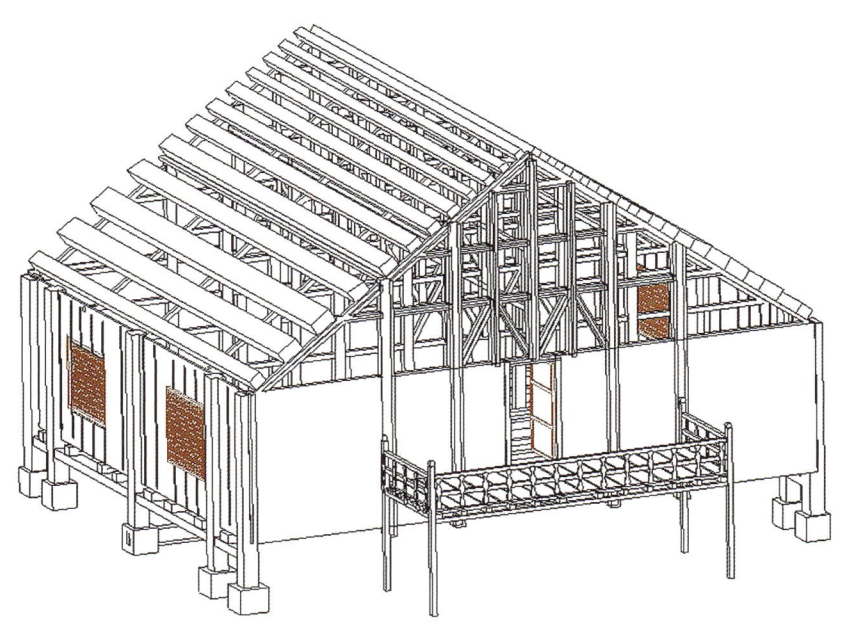

图一 基诺族卓巴房木结构体系主图

卓巴房主要采用平面为矩形柱网的木质框架体系,上部柱梁之间以穿斗式做法为主,局部结合"抬梁式"形成屋架支撑。这种房屋短向一般为2~3个跨度,长向为3~9个开间;底层采用架空方式,上层楼板用木质地板,墙板是木质或竹编墙板,顶部为草排或瓦质屋顶,内部根据居住的家庭或人数情况分隔成数量大小不同的房间。

卓巴房的木结构体系一般选用松木。柱子一般为0.3~0.4米边长的方形横断面;梁的断面为长方形,主梁宽度为0.15~0.25米,高度为0.3~0.4米,其余构件尺寸由于荷载变化而适当减小。为了隔绝泥土潮气,这种框架体系一般采用石柱础,上面立柱。在柱子距地面7~8米高度处凿卯眼,将主梁两端做成榫头,在此处穿进柱子,并连接固定,即类似于汉族建筑中的穿斗式做法。但它又不是完全的穿斗式,在结构的中跨一般采用类似抬梁式的做法,梁上架短柱,其间又采用穿斗式连接,主柱和短柱的柱头之间再用方形构件进行高低连接,形成一榀主构架。这样的构架依次建造排列,互相之间用次梁连接,次梁设置主梁柱节点的下方,同样用"穿"的方式架设,从而把各榀主构架连接固定起来,形成完整的结构骨架。在水平方向上,有屋顶和楼板。屋架之上,从下往上依次铺设檩条、椽子以及屋面材料;底层则在柱子距离地面2米左右处架梁,梁上再依次铺设主次龙骨和楼板,这样就组成了一个完整的支撑围护体系。另外,为加强整个结构的稳定性，常在柱梁之间增加斜撑以起到加固作用。

在卓巴房的两端，为形成其独特的孔明帽式屋顶，结构的顶端部开间柱子较短，并不再架短柱，而是直接形成屋架并铺设屋面材料。整体木框架体系完成后，可以根据需要，用木板或竹编板做成墙壁进行分隔围护，以便于分户使用。

采用木质天然材料，以穿斗式为主的木构架体系，有效地减小了材料断面尺寸，便于取得和加工，也有利于维护；边跨的尺寸一般与卧室大小相同，便于分隔；而中部抬梁式的做法，减少了柱子数量，增加了跨度，形成较大空间，便于布置火塘等家族公共活动空间。因此，这种结构体系非常适合基诺族的卓巴房家族聚居功能。另外，其结构的节点是一种简化了的榫卯结构，构造简单但抗震性好，反映了该民族手工建造的特点，整体结构以实用为主，构件基本无多余装饰，也没有保护性涂层。

现代基诺族建筑仍采用该木框架体系，只是围护构件如屋顶、墙体、门窗等材料有所变化。另外，由于大多采取小家庭居住模式，其结构体系往往更加简化，一般以双跨居多，3~5开间，四周跳出半跨的方式。梁柱基本仍为穿斗式，由于跨度减小，构件尺寸也较小；但因其底层常布置储藏室等，因而梁的位置较传统做法抬高。由此可以看出，基诺族民居的木构架结构体系在现代仍然具有较高的借鉴价值。

图片来源
图一至图六 李迪 制图

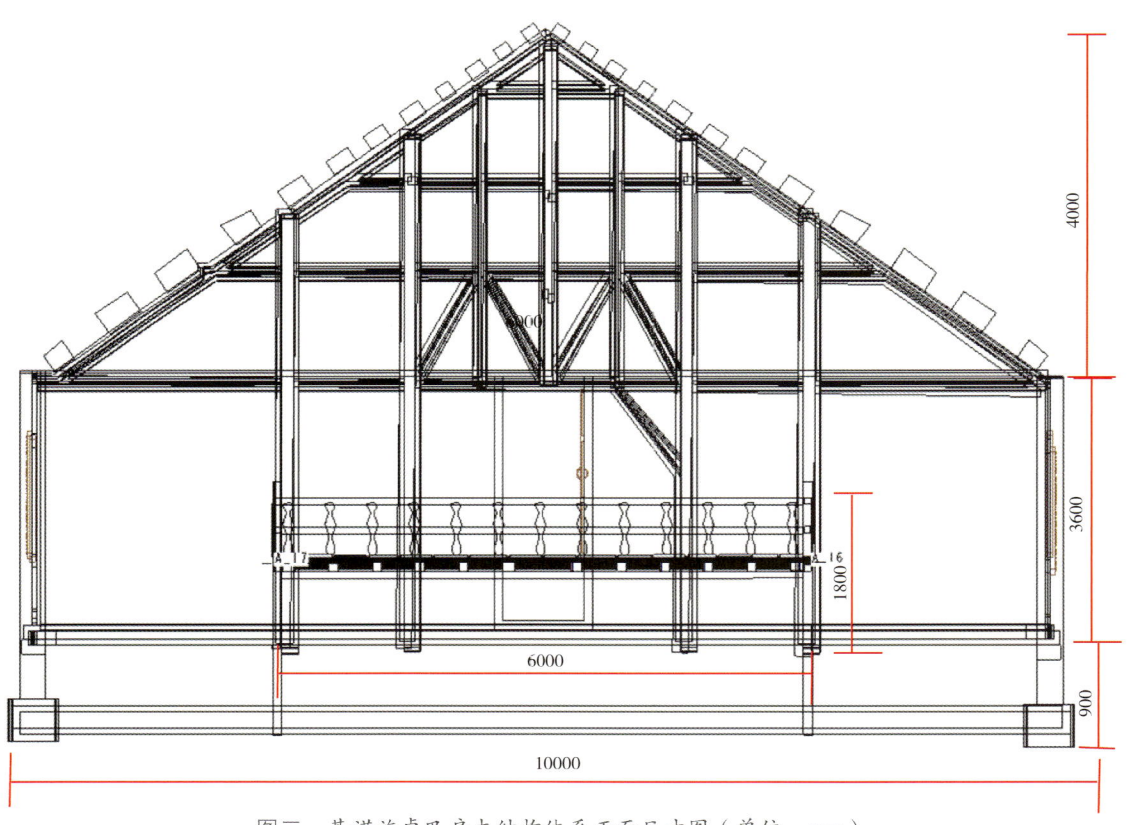

图二　基诺族卓巴房木结构体系正面尺寸图（单位：mm）

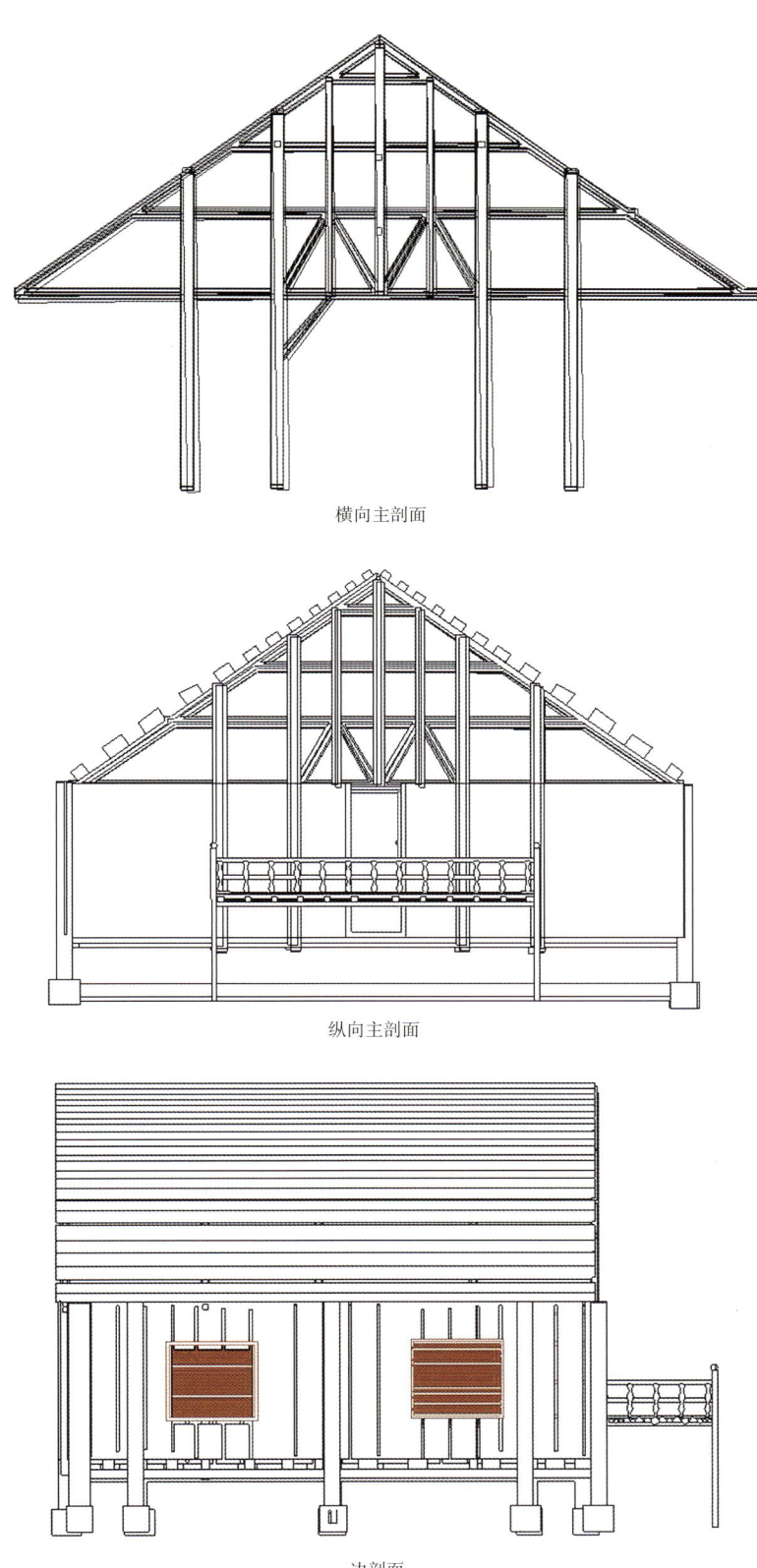

横向主剖面

纵向主剖面

边剖面

图三 基诺族卓巴房木结构体系剖面示意图

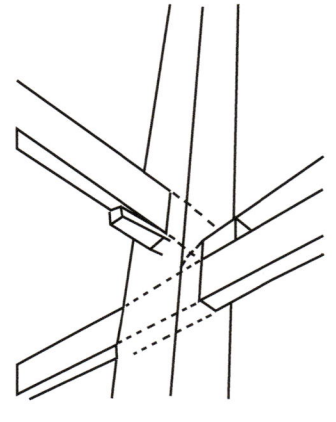

图四　基诺族卓巴房木结构体系穿斗式梁柱节点示意图

图五　基诺族卓巴房木结构体系抬梁式梁柱节点示意图

图六 基诺族卓巴房木结构体系内部全景示意图

基诺族卓巴房木结构局部节点

图一　基诺族卓巴房木结构局部节点主图

基诺族建筑一般采用村寨居民互助建造的方式，其建筑的各种构件及其连接做法简单易行。基诺族的传统民居一般采用木结构框架体系，柱梁之间的连接均采用榫卯构造。

在基诺族建筑中，柱梁之间以穿斗式为主，其连接一般采用梁做榫头、柱凿榫眼的方式。梁多为双肩榫，榫头宽度为构件宽度的1/3～1/2，长度为柱子宽度的1/2，有时甚至直接根据用料大小做榫头。榫眼一般比榫头稍大，便于榫头穿入。由于这种方式使榫头榫眼之间固定得不是非常严密，所以基诺族人经常采用楔形木敲入榫眼，起紧固作用。

根据柱梁之间的位置和关系，榫眼的位置也有所不同。在只有主次梁与柱连接处，一般采用十字贯通平榫，主梁榫眼在上方，次梁榫眼在下方；也有少数主次梁榫眼高度相同，但榫眼不贯通的做法。当不仅有梁，还有屋架斜撑与柱连接处，则经常采用斜撑与平梁共用一个榫眼，所以这种榫眼较大。在屋架与檩条、短柱交接处，为避免榫眼过于复杂，基诺族人化繁为简，直接在柱端采用十字开口贯通榫。另外，由于基诺族民居的中间为公共火塘区，需要比较大的空间，因此，结构的中柱是不落地、架在梁上的抬梁式做法。这时，采用开口贯通榫，即在柱子上开榫槽，榫槽宽度根据梁的宽度确定，建造时，将柱子榫槽卡在梁上即可。

除了柱梁，基诺族建筑的墙板、栏杆等构件也采用榫卯连接。最常使用的做法是在龙骨上开榫槽，墙板的端部做双肩或单肩直角榫，然后将榫头插入榫槽即安装完毕；栏杆厚度较小，一般直接插入榫槽。与汉族建筑做法不同的是，这些板材的长侧边一般不做企口，而是直接拼接。

基诺族的建筑加工工具特别是用于精致加工的铁质工具较少，因此其民居的木构架体系的榫卯节点做法比较简单，榫头榫眼均为矩形。种类也比较少，仅仅是基本的穿通、卡接、插槽等做法，缺乏扣锁、销接等复杂形式，没有形成完整、成熟的榫卯系列。构件之间连接欠缺精确，属于铰接滑移连接，但是，正是这种简单的节点适应了基诺族民居手工建造的需要，虽然简单但承载和抗震性均比较好，这也保证了建筑的安全性和使用年限。随着生产力水平的提高，基诺族建筑的结构节点也有所进步，在一些重

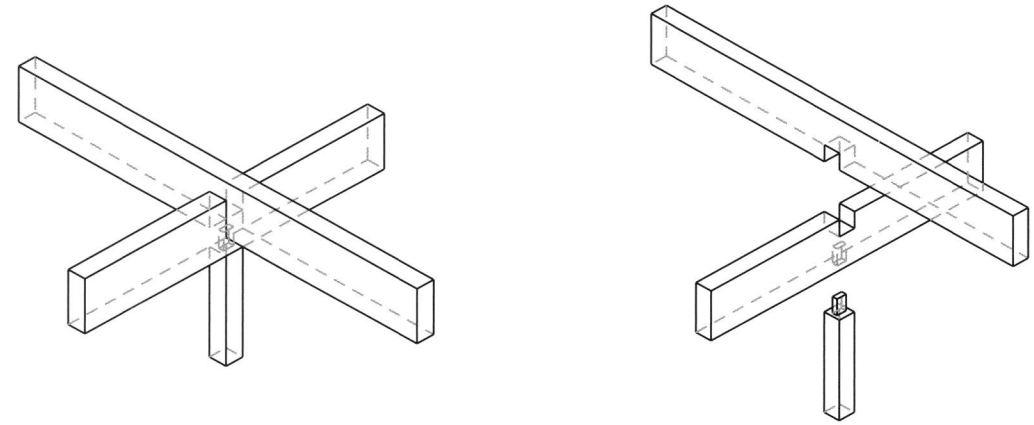

图二　基诺族卓巴房木结构局部节点构件榫头榫眼示意图

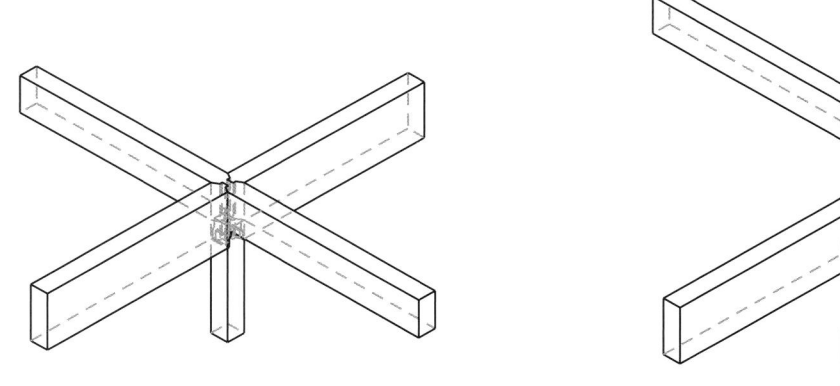

图三　基诺族卓巴房木结构局部节点十字贯通平榫分析示意图

点受力部位增加了"["字形的铁件,两端钉入木构件中,用于增强构件连接的牢固性。

在现代基诺族建筑建造中,仍延续采用这种简单的榫卯连接方式,只是加工精度大大提高;又增加采用了现代的各种钉固、胶粘方式,使构件连接更加精确,固定方式操作更加简便,但要注意不要失去传统建筑的风格。因此,基诺族卓巴房的木结构局部传统节点做法在现代仍然具有较高的借鉴和传承价值。

图片来源
图一、图七至图十一　施魏祥　摄影
图二至图六　施魏祥　制图

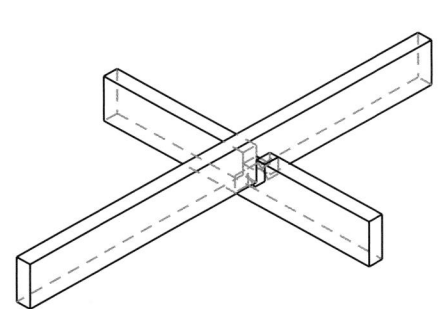
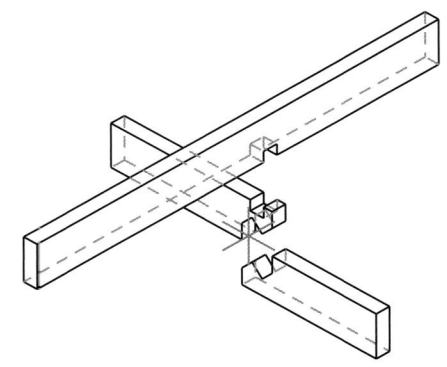

图四　基诺族卓巴房木结构局部节点十字不贯通平榫分析示意图

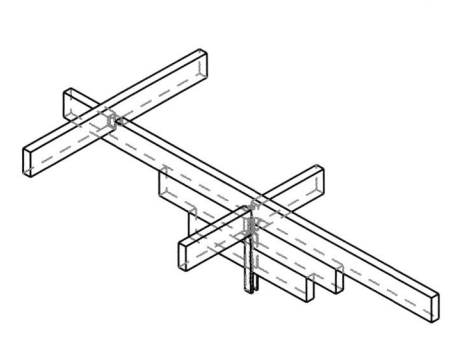
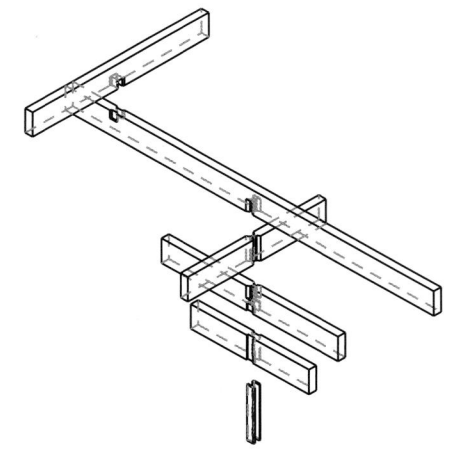

图五　基诺族卓巴房木结构局部节点十字开口贯通榫分析示意图

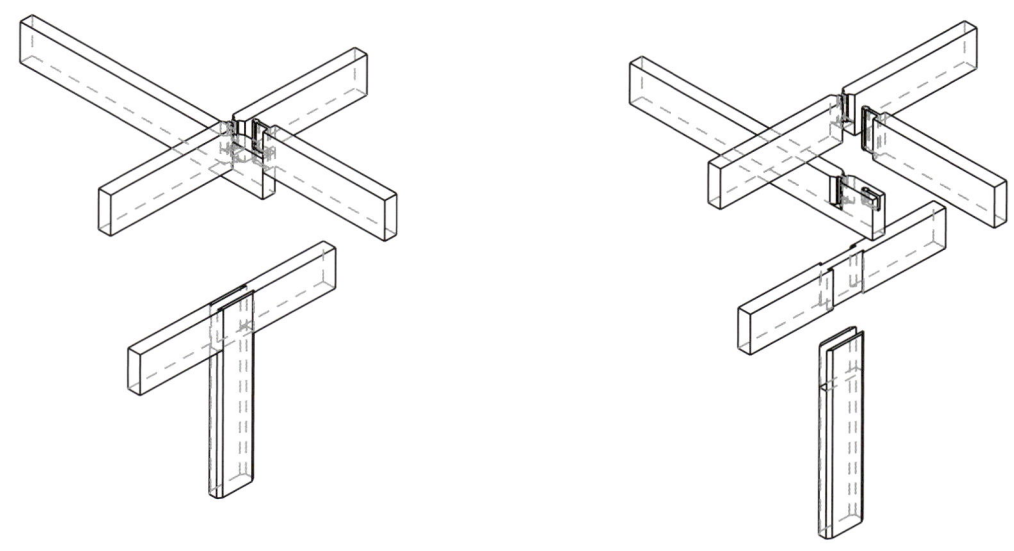

图六 基诺族卓巴房木结构局部节点墙板槽榫分析示意图

图七 基诺族卓巴房木结构局部节点榫卯处楔形木紧固实景图

图八 基诺族卓巴房木结构局部节点十字贯通平榫实景图

图九 基诺族卓巴房木结构局部节点十字不贯通平榫实景图

图十　基诺族卓巴房木结构局部节点十字开口贯通榫实景图

图十一　基诺族卓巴房木结构局部节点十字开口贯通榫实景图

基诺族屋顶

图一　基诺族屋顶主图

基诺族传统民居建筑的屋顶形式多为歇山式斜坡顶，上小下大，造型突出，被称为"孔明帽"，是基诺族建筑的显著符号。

早期的、典型的基诺族民居的屋顶，其下部的支承结构是竹木框架结构，然后用穿斗式做法形成三角形屋架；在两端山墙处多悬挑小屋架，上铺檩条、椽子。一些较小的、简陋的房屋也有用木棍直接支撑木梁，梁上架竹制的檩、椽，山墙处竹椽的上端集中固定在短柱上，形成歇山顶的斜脊。

典型的孔明帽屋顶的檩距约1米、椽距0.5米左右，为遮风避雨，屋架上铺设1.5~2米宽的编制好的草排。草排的制作方式如下：事先将当地茅草晒干，并准备宽5~8厘米、厚1厘米、长2米左右的竹片；取一根茅草绕在竹片上，再另用一根较短的茅草缠绕并打结系紧，然后再依次固定下一根，直至排满整根竹片形成草排，竹片两端各余5厘米左右。做好的草排在屋架上按照顺水搭接的方式自下而上依次铺设，其竹片间距30~40厘米，左右草排至少有50厘米的重叠，草排与椽子相交处用茅草缠绕连接固定。山墙处的草排则只铺设在屋架的2/3处，上部作为通风口保留。

这种草排式屋顶就地取材，制作简单，更换方便，而且草排互相叠加，既具有保温隔热的作用，又具有防水性。山墙处预留的通风口可以使热空气顺利排出，对当地的气候具有良好的适应性。

在近现代基诺族民居建筑中，不再使用茅草，而是直接在椽子上铺设机平瓦，这时檩距为60厘米左右、椽距100厘米，椽子上每间隔20厘米铺挂瓦条，然后自下而上顺水搭接铺瓦。也有部分民居采用波浪形或折线形玻璃钢板或钢板，其长向顺水搭接。这几种做法的防水性好，但保温隔热性能较差。

现代基诺族建筑结合借鉴基诺族传统草排屋顶的做法，在现代结构和屋顶材料（瓦、钢板等）基础上，增设草排层，造价不高，但既可以有效地改善屋顶的保温隔热性能，又可以传承基诺族传统建筑的做法，有利于保留民族建筑文化。

图片来源
图一、图七　李迪　摄影
图二至图六　李迪　制图

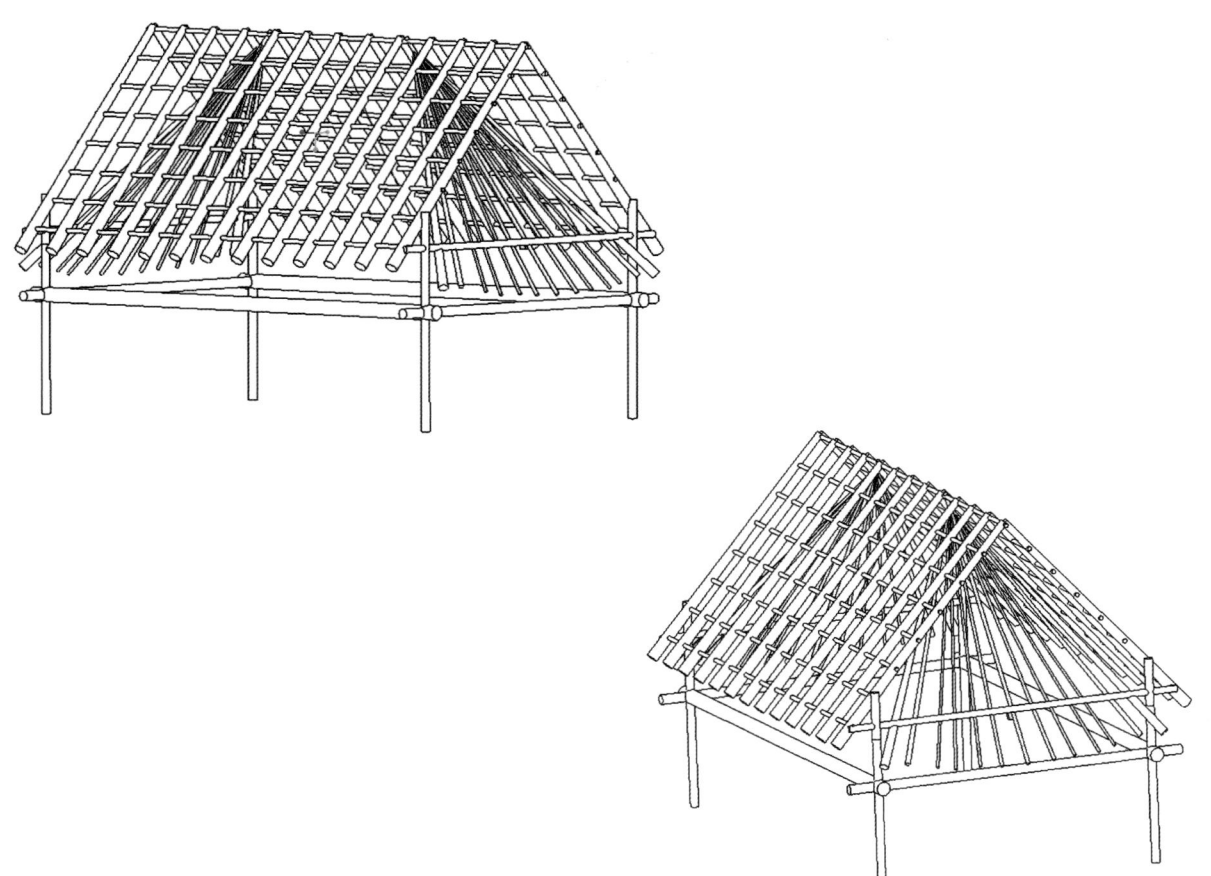

图二　基诺族草排屋顶结构体系示意图

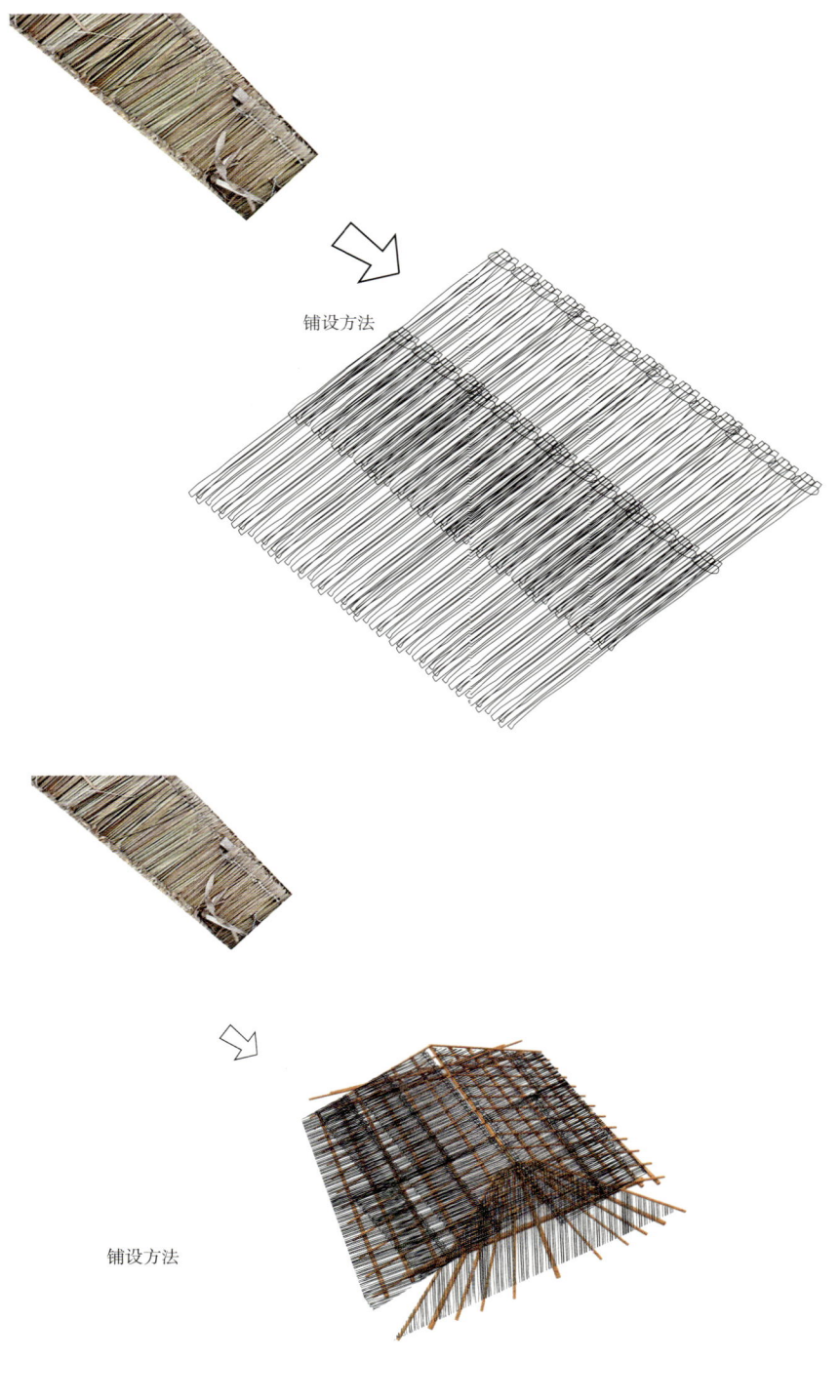

铺设方法

铺设方法

图三　基诺族草排屋顶铺设示意图

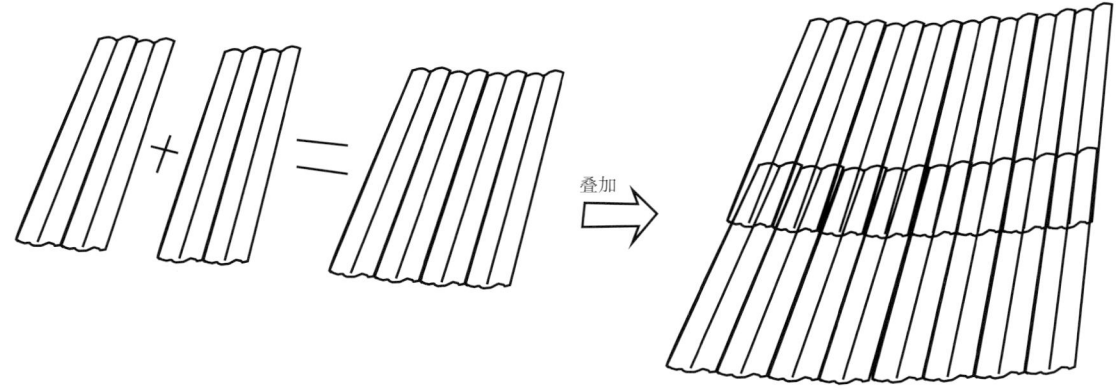

图四　基诺族挂瓦屋顶铺设示意图

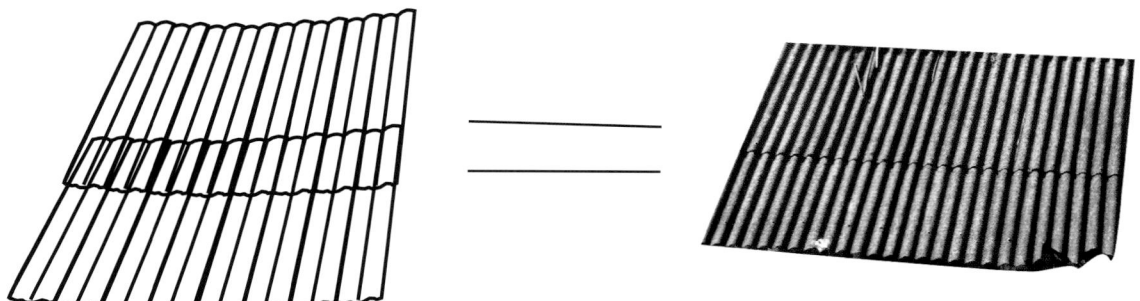

图五　基诺族波形瓦屋顶铺设示意图

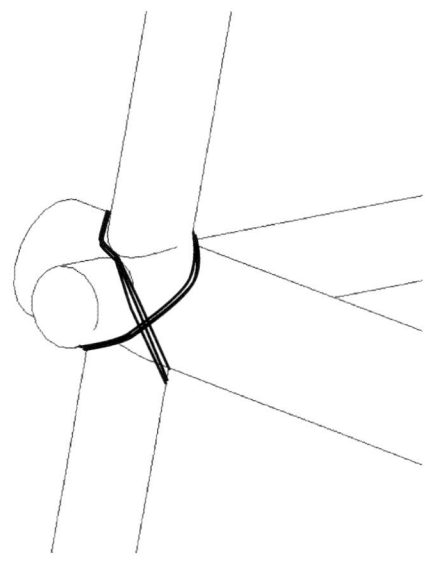

图六　基诺族草排屋顶局部捆绑方式示意图

图七　基诺族草排屋顶情境图

基诺族屋脊

图一 基诺族屋脊主图

在基诺语中，建筑屋脊被叫做"扩扑"。屋脊上的装饰物十分重要，基诺族人认为它是与族籍、地位和生命等密切相关的符号神圣点，其中最典型的有"帕卡""彩坡""那帕""者贝"和"帕卡阿缺"等。当某个卓巴房的家长死亡了，其居住的建筑屋脊上装饰的"彩坡""那帕""者贝"都要取下并烧毁。只能等到其子修房或盖新房时才能重新制作装上，使其神圣点再生。所以，在基诺山村寨里，建筑屋脊上没有饰物的人家，表示处在治丧期或者没有家长了，过往行人要回避造访或投宿。

基诺族民居的屋脊主要有以下几种：

"帕卡"意思是"屋角"，是呈75°斜角的十字形竹竿，固定在屋脊两端。

"彩坡"意即"头发"，是用笋壳和茅草扎成的饰物，象征基诺族人的头发剪成三撮毛形式的标识，装饰在"帕卡"上扬两角和交叉下夹角处。

"那帕"意思是"耳环"，形状与"彩坡"相同，是基诺族人穿耳眼戴耳环的标识；是装饰在"帕卡"下垂两角的饰物。

"者贝"意即"人在的地方盖起来"，是装饰在屋脊下房屋两端山墙位置的三个月牙形标识，月牙的弯口一个向正上方，其余两个各向左右，呈品字形放置，是表示吉祥、护佑的符号。

"帕卡阿缺"是屋脊两边起固定作用的长压条以及固定长压条的铆钉。屋脊正中间（生命柱顶上）的"帕卡阿缺"上再装饰一对"彩坡"，是从外部识别寨子的七个长老居所的唯一标识，也就是说，只有长老的居所有三对"彩坡"，其他民居只有两对"彩坡"。

基诺族屋脊（扩扑）充分体现了基诺族民居建筑的创意与建造特色：就地取材，建造成本较低，建造技术简单易行，功能形制利用率高，标识性比较强，以简单易行的方式既装饰建筑，又体现了民族文化。对历史文化等保护区核心保护地段的文物类建筑，或者历史文化等保护区的过渡保护地段的建筑，沿用此类传统工艺及做法，可以使今天的民居建筑在形象上与传统民居建筑协调，同时也反映出民族特征和历史文脉的延续。

图片来源
图一至图五　谢海波　制图

图二　基诺族屋脊之"帕卡"式示意图

图三　基诺族屋脊之"彩坡"式示意图

图四　基诺族屋脊之"那帕"式示意图

图五　基诺族屋脊之"帕卡阿缺"式示意图

基诺族楼板

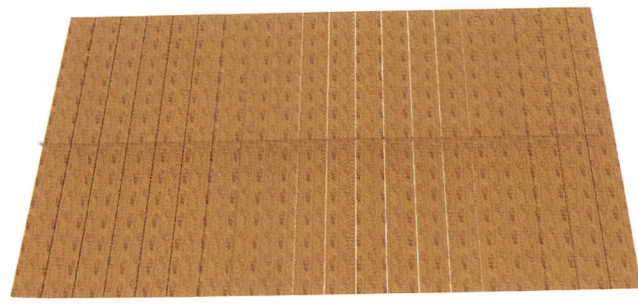
表面

底部

图一　基诺族楼板主图

基诺族传统民居建筑用当地盛产的木材和毛竹，结合简单的榫卯构造，制作楼板、墙体、门窗和栏杆，并安装在合适的位置，从而围合出不同的室内空间，使用也更加方便和舒适。

基诺族民居底层为架空式，一般在距离地面1.5~2米处架主梁，梁高通常为30厘米左右，宽度为15厘米左右，梁与柱之间为穿斗式榫卯连接。然后，沿着主梁垂直方向，次梁从主梁上方的榫口穿过，连系梁尺寸为30×15厘米，主次梁形成楼板主要的支承骨架。骨架铺设完成后，选择断面尺寸为10×20厘米的木檩条，直接架设在次梁上，间距一般为50~60厘米；有时，在檩条之间增设加固型木肋，以增强结构的整体性和刚度。最后，将厚度为3~5厘米、宽20~30厘米的木板依次铺设在檩条上，直到整个建筑全部铺满。

楼板铺设完成后，基诺族人就有了卧室和公共活动空间。在卧室里，由于木板保温隔热性能较好，基诺族人通常直接将床垫铺在楼板上。公共空间是基诺族人设置火塘的地方，由于木材的易燃性，如何解决火塘处楼板的防火问题就十分重要。一般选择宽

3~5厘米、高10厘米左右的木条，将木条立放围合在火塘区域的周围，至少比火塘边缘大20厘米以上，以防有火星溅出造成火灾。将泥土中加入适量的水，搅拌均匀，形成粘土；然后在木条围成的方框之间铺垫厚度不少于5厘米的黏土，这样的黏土层既能比较密实又比较平整。待黏土层干燥后，再在上面架设火塘。随着火焰烘烤，黏土层愈加硬实，防火性更好。

基诺族民居的这种楼板铺设方式，材料易于取得，架设工艺简单，各构件尺寸及间距符合力学结构原理；木材既能承受活动荷载，又有良好的保温隔热性能；而且由于是架空铺设，也避免了地面和空气潮湿的影响，十分适应当地的气候。所以，在现代基诺族民居建造中，这种方式基本没有改变，仍然在沿用，只是加工工艺更加精致，板梁之间有时会增加金属连接件以增加强度，楼板表面加工得更加平整，使用更为舒适。

另外，虽然现代基诺族民居基本不再架设火塘，但是火塘处这种楼板的传统处理方法仍值得借鉴，是类似现代建筑中在构件外包覆防火涂料或防火层的做法，制作十分简便，材料易得且环保，也便于随时根据土层情况进行修整，维护成本极低，但防火效果良好。

图片来源

图一、图五　李迪　摄影、制图
图二至图四　李迪　制图

图二　基诺族楼板尺寸图（单位：mm）

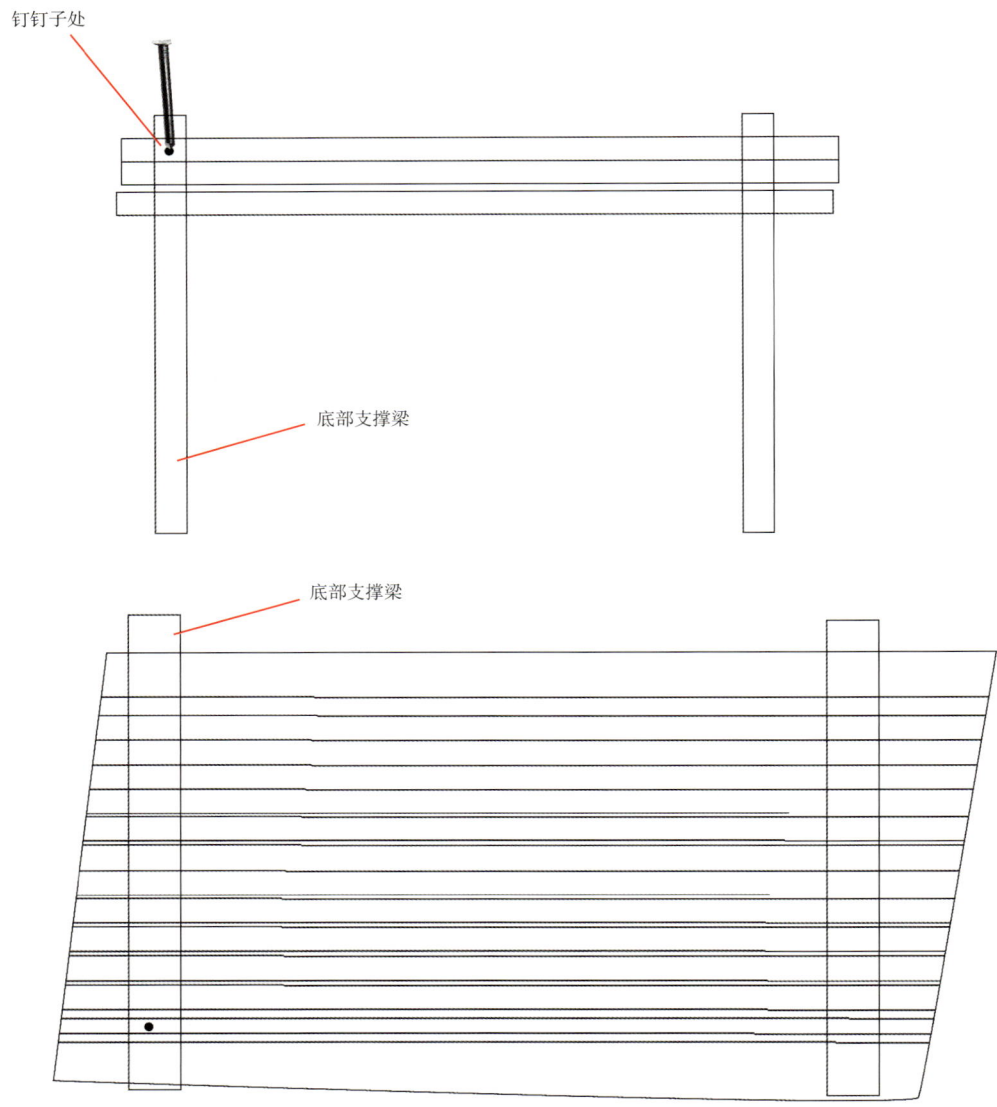

图三 基诺族楼板制作示意图

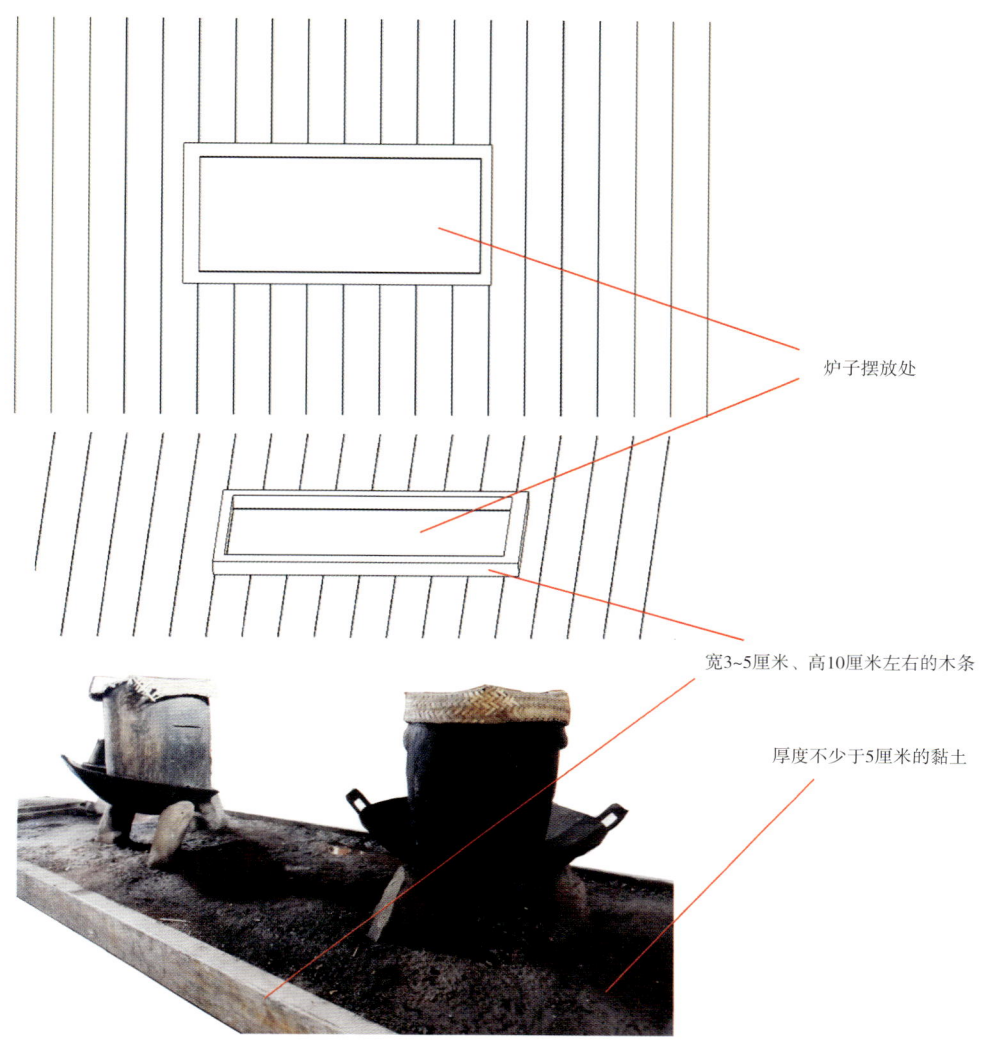

图四 基诺族设置火塘处楼板解析图

炉子摆放处

宽3~5厘米、高10厘米左右的木条

厚度不少于5厘米的黏土

图五　基诺族设置火塘处楼板情境图

基诺族晾台

竹编晾台

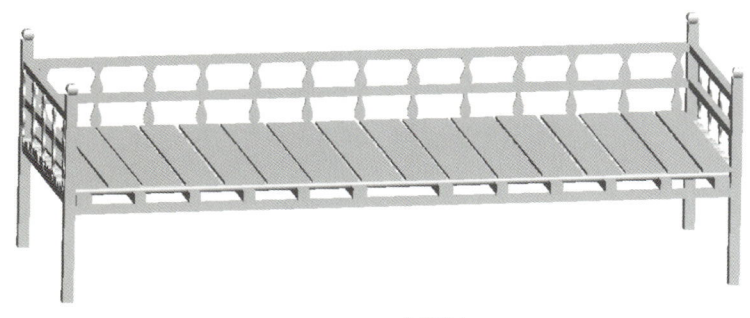
木质晾台

图一　基诺族晾台主图

在基诺族传统的"干栏式"民居建筑中，底层一般是架空的，用于堆放农具杂物、饲养牲畜等，基诺族人平时的生活起居主要在二层室内进行，而在其房屋的一端，常设置晾台，用于晾晒粮食等。

基诺族晾台一般仅供房屋使用者内部使用，设置在房屋次入口处，可以通过木质楼梯上下。早期的、典型的晾台主要为木柱梁支撑、竹编楼板的架空式结构，距离地面高度约为2米，比室内地板略低20~40厘米，以防止雨水流入室内，常设置台阶与室内相连。

晾台一般长3~6米，宽4米左右；通常设4~6根木柱，柱子支撑在石质柱础上，柱高一般为4米，在距离地面2米左右的高度用榫卯结构架设木梁，形成晾台的支承结构框架。

晾台的水平支撑构件为竹片交织编制的。首先选用直径15厘米左右的毛竹筒，架设在木梁上，间距一般为2米，上面再架设一层直径为10厘米的毛竹筒，间距为20~30厘米，这些竹筒有效地减小了其上部的竹编楼板跨度，也减小了变形。然后，将毛竹制作成宽5~8厘米、长度与晾台宽度相同的竹片。晾台楼板的最边缘为一根劈成两半的竹筒，半圆面向上，与下部竹筒用竹篾或藤条固定。然后依次将竹片紧密排列，每隔1米左右垂直编入一根竹片，与承载用的竹片交叉间隔、依次上下穿过，以达到固定作用。以此类推，直至整个晾台板制作完毕，再同样用半圆竹筒收尾并与下部竹筒连接固定。

这种晾台的主要支撑结构采用木材，稳定性和承载力好；而水平支撑结构采用当地盛产的竹子作为主要材料，充分利用了竹子良好的抗拉抗弯性能，就地取材，制作简单，更换方便。竹片互相交错编织，既具有较好的承载能力，又具有一定的渗透性能，可以保证下雨时雨水能快速渗漏下去，避免积水，是一种非常适应当地气候的做法。

在近现代基诺族民居建筑中，不再使用

竹编楼板，取而代之的是直接在木梁上铺设檩条，檩距为40厘米左右，上面直接铺设宽20厘米、厚2~3厘米的木板，木板之间留约0.5厘米左右缝隙以利排水。这种做法虽然施工方便，但是耗费木材较多。

在现代基诺族建筑中，可以借鉴基诺族传统竹编晾台的做法，既有利于保留民族建筑文化，又可以传承基诺族传统建筑的做法。竹子是速生植物，便于种植，可以有效减少对树木的砍伐，有利于保护山区自然环境。

图片来源
图一至图六　李迪　制图

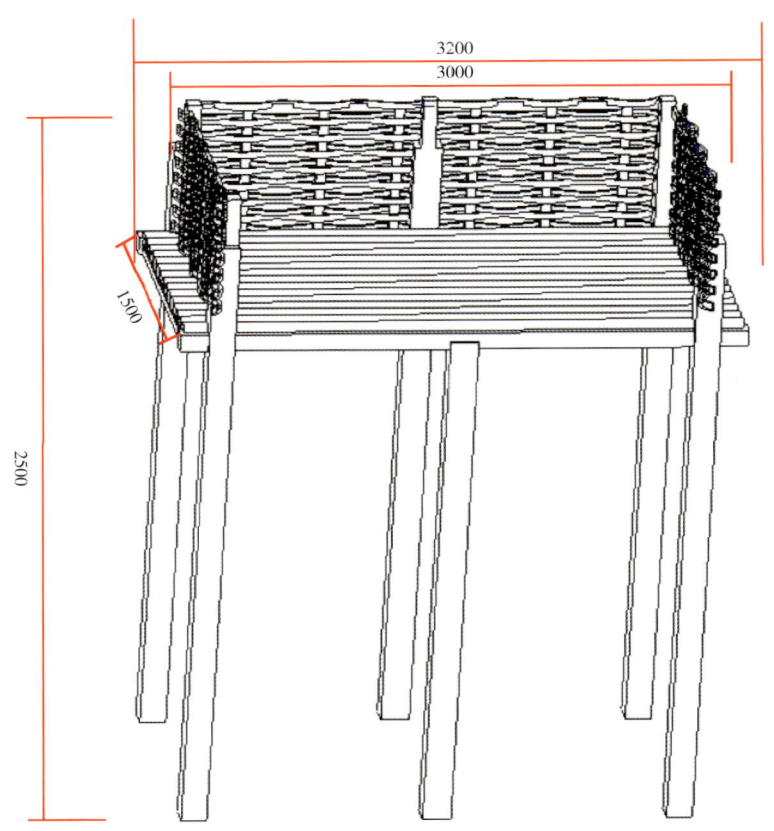

图二　基诺族竹编晾台尺寸图（单位：mm）

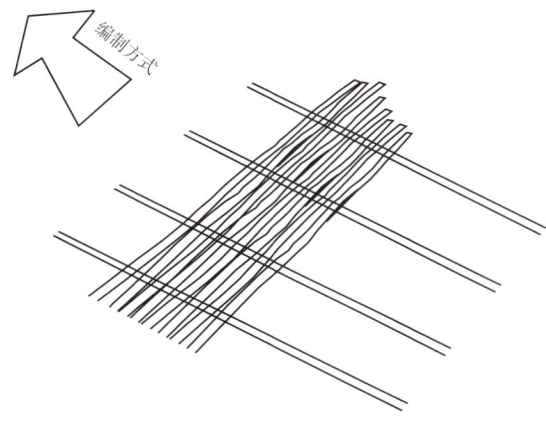

图三　基诺族竹编晾台铺设示意图

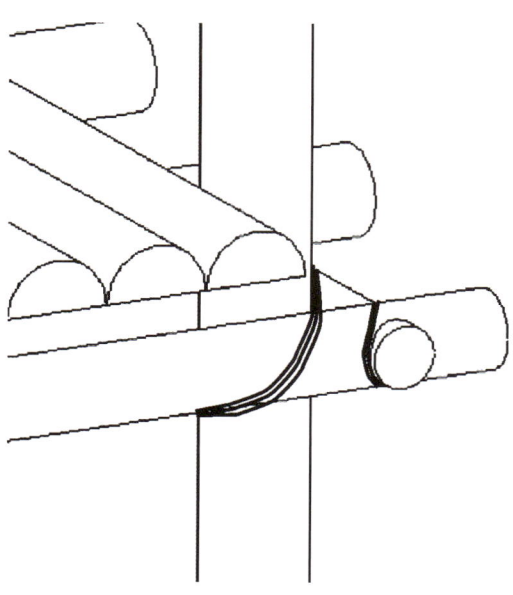

图四　基诺族竹编晾台局部捆绑方式示意图

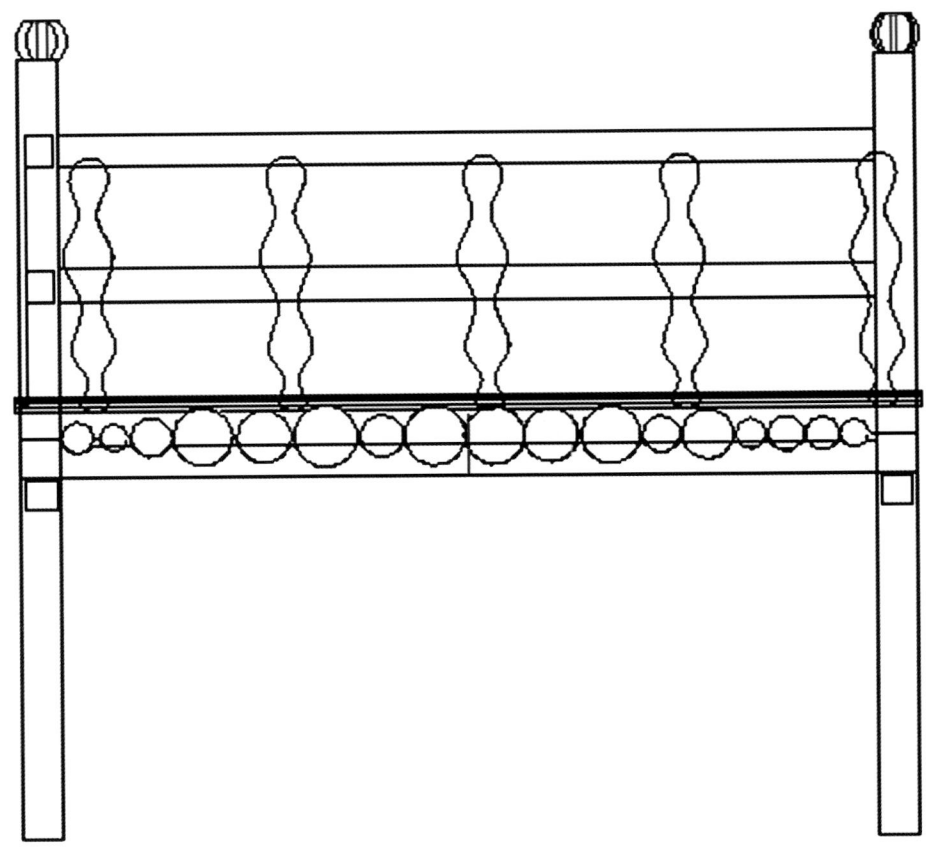

图五　基诺族木质晾台侧视图

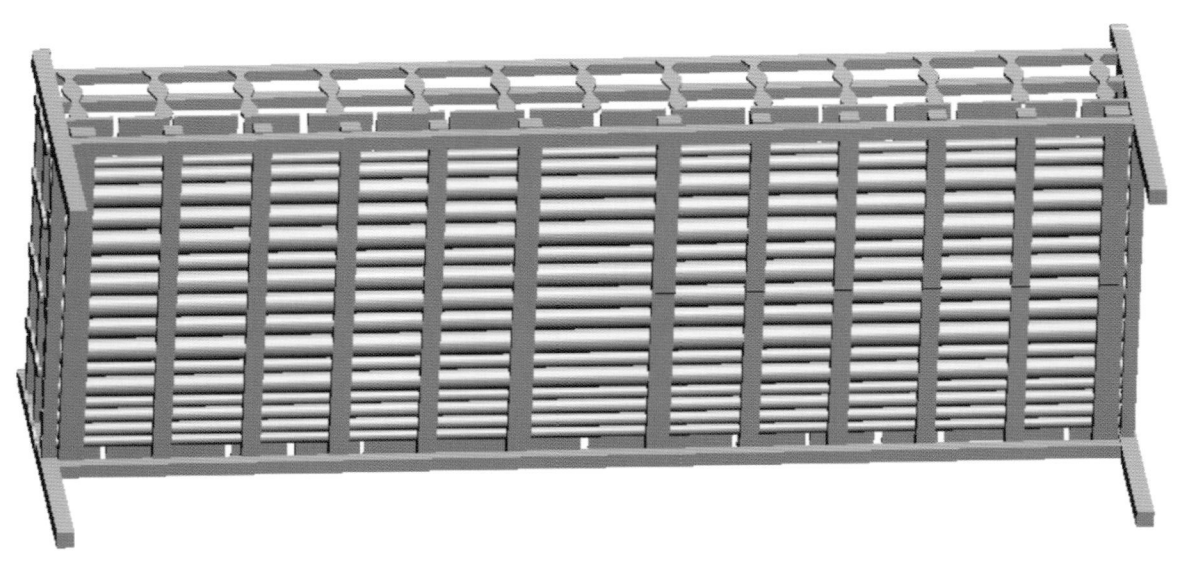

图六　基诺族木质晾台下部结构示意图

基诺族墙体门窗

图一　基诺族墙体门窗主图

基诺族传统的"干栏式"民居建筑属于木质框架结构体系，屋顶遮蔽了风雨，架空的楼板隔绝了地面湿气，而围合分隔出不同的室内外空间的，则是墙壁和门窗。

在传统的基诺族民居中，侧面的围护作用主要由墙体承担，比较常用的墙体材料为基诺山盛产的毛竹，也有用木材的。在建造墙体时，首先在柱子之间铺设龙骨，其宽度一般为10~15厘米，高度为5厘米左右，龙骨两端均固定在柱子上的榫口中。内外墙的下龙骨均铺设在楼板上，龙骨的上表面开深度约2厘米的长槽。在与下龙骨平行的上方，外墙一般直接利用结构梁做龙骨，也可以在梁下再增设上龙骨，其底面同样做开槽处理；内墙则在2.5米左右的高度处设置上龙骨。这样，龙骨与柱子、梁组合形成墙体的"口"字形框格。有时，为减小墙板的变形，在上下龙骨之间再设置1~2根中间龙骨，即形成"日"或"目"字形框格。中间龙骨的上下面均开长条插槽，其作用是用于墙板插入并固定。

制作墙板时，首选的是直径比较粗大的毛竹。将毛竹劈成宽度为5~10厘米的竹片，其长度为梁与龙骨槽口之间的距离。先将竹片下端插入下槽口，然后利用竹片的柔韧性，将竹片稍稍弯曲，从而能够使竹片上端插入上槽口。第一块竹片安装上去后，使其沿长槽滑动直至竹片紧靠柱子，然后依次插入其他竹片，直至将柱子之间排满，形成完整的墙板，竹片数量可以通过其宽度及间隙调整。

随着社会的发展，基诺族民居的墙体逐步演变为用木板制作。一般选用厚度为1厘米左右的木板，依次插入龙骨插槽固定，但由于木板不能弯曲，所以其长度应只比插槽净间距多1~2厘米，以便于上下移动操作。

基诺族传统民居内采用家族共居的形式，内部除了用墙体分隔出各家的卧室外，还在卧室和公共空间之间设门。门为竹制或木制，外门一般为双扇，门洞宽为1.5~1.8米，高为2.5米左右；内门为单扇，门洞宽度为1米左右，高度约为2米。门洞周围的墙体边缘必须设置龙骨作为门框，既可以固定墙体，也能用于固定门扇。门扇采用门轴式，门轴插入上下两端、与柱子连接的杯状门臼内，这样门轴就可以在门臼内转动。门扇的做法类似墙体，由龙骨围合成"口"字形或"日"字形框架，框架内侧开插槽，固定宽度约5厘米的木条或竹条。为了美观，条板可以改变插入方向，以形成不同纹样。

早期的基诺族民居是不设窗户的，室内仅仅通过山墙檐口与屋顶之间的三角形空隙

图二　基诺族毛竹墙体局部实景图

进行通风换气。随着经济的发展人们对生活环境要求的提高，窗户也逐步出现在基诺族民居中。窗洞大小一般为100厘米×60厘米，周围有龙骨兼做窗框。窗扇的制作方法与门扇的做法类似，只是将平开的方式改成了上悬式，窗轴固定在窗洞的上方，开启时用木棍支撑在窗洞下方的龙骨上；关窗时将木棍拿开，窗扇因重力落下关上。

近年来，随着经济水平的提高，基诺族民居的建造日趋精致。然而其墙体门窗的材料和制作构造方式基本未变，只是近现代的基诺族民居以采用木材为主，墙体门窗的密封性和保温隔热性能得到改善和加强。在近几年改造的新民居中，墙体不再使用类似榫卯的插槽，而是直接用钉固的方式，固定在木框架和龙骨上；也有部分民居采用塑钢门窗。这种新民居的室内环境更为舒适，但也失去了原有民居的风格传统。基诺族传统墙体门窗做法，使用方便美观、材料新颖，又适当保留传统形式和做法，使民族传统得以传承延续。

图片来源
图一至图四、图六至图八、图十　李迪　摄影
图五、图九　李迪　制图

图三　基诺族木质外墙局部实景图

图四　基诺族木质内墙实景图

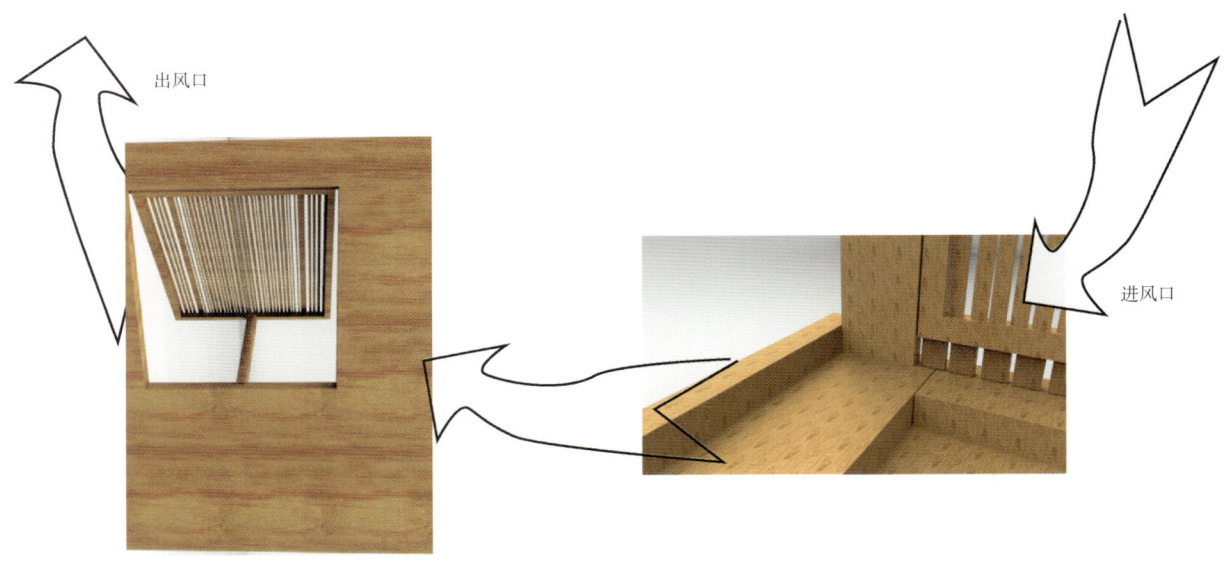

图五　基诺族墙体安装构造示意图

图六 基诺族外门实物图

图七 基诺族内门实物图

图八 基诺族门臼门轴实景图

图九 基诺族门体构造示意图

关窗

开窗

图十 基诺族窗户开关方式示意图

基诺族火塘

图一　基诺族火塘主图

卓巴房一直是基诺族人长期沿用的居住形式，在卓巴房中，以火塘所在的公共空间为中心，周围布置卧室等其他空间。每座卓巴房都设有一个或若干个火塘，为做饭、吃饭、谈话和取暖的地方；有时因人口或户数增多，一个火塘不够用，就多设置若干个火塘，直至够用为止。一般火塘的数量与居住的户数相同，即每家一个火塘，所以火塘也是基诺族人家庭的象征。基诺族人有在家长死后翻盖或重盖新房的习俗。因此，修建新的卓巴房首先考虑的就是人口和居住平面分配，火塘数目与位置也在必须考虑之列。

从基诺族的传统上说，各个火塘应是由一个男性老祖先传下来，但是，一座卓巴房从开始到现在已不知传了多少代，居住者彼此之间的亲缘关系多样，仅有分开不久的"火塘"才说得清是何亲属关系。尽管彼此亲缘关系并不一定亲密，但卓巴房内所有成员还是自认是一个"老祖公"传下来的。火塘对他们来说，则是"的究"（也称"葛究"），意思是在"一个火塘中吃饭的人"，是一家中最亲的亲属。

每一个火塘直接建造在楼板上，对应各个小家庭的卧室门口。火塘实际上是由几厘米厚的木条圈成，内侧铺有约十几厘米厚的粘土层，上面是鼎足而立的三块石头，被称为"锅庄石"，在锅庄石上放置食具用于烹饪。火塘的三块石头布置成品字形，各有专门的名称和特殊的含义：上部顶角位置的石头叫"阔豆"，代表大房子的个体小家庭；下部底角位置的石头，一块叫"着漏"，代表大房子的家长；另一块叫"倒迷"，代表全寨的公共集体。火塘点燃时，一般使用木柴作为燃料，因有粘土层与楼地板相隔，可以起到防火作用。火塘四周有木凳，人们可以围坐在一起。

基诺族的火塘不仅仅是人们煮饭、吃饭的地方，而且是整个卓巴房生活的中心。主妇们在各自火塘边烹煮或烧烤食物，而其他人则坐在这里取暖和休息。由于各户火塘是紧挨着的，男人们一般就在这里相互交谈，或商量一些本长房的事情。

卓巴房内的火塘代表了基诺族人古老的居住方式。各火塘所代表的家庭之间只有假定的共同祖先，而大部分无事实上的亲属关系，然而彼此却要共居一座房屋之中，而且一代代住下去，不能随意迁出。这对于研究基诺族的社会型制和居住习惯提供了样本，对当代社会居住建筑的交往环境设计也有较好的借鉴意义。

图片来源
图一　乔宁宁　摄影
图二至图五　乔宁宁　制图

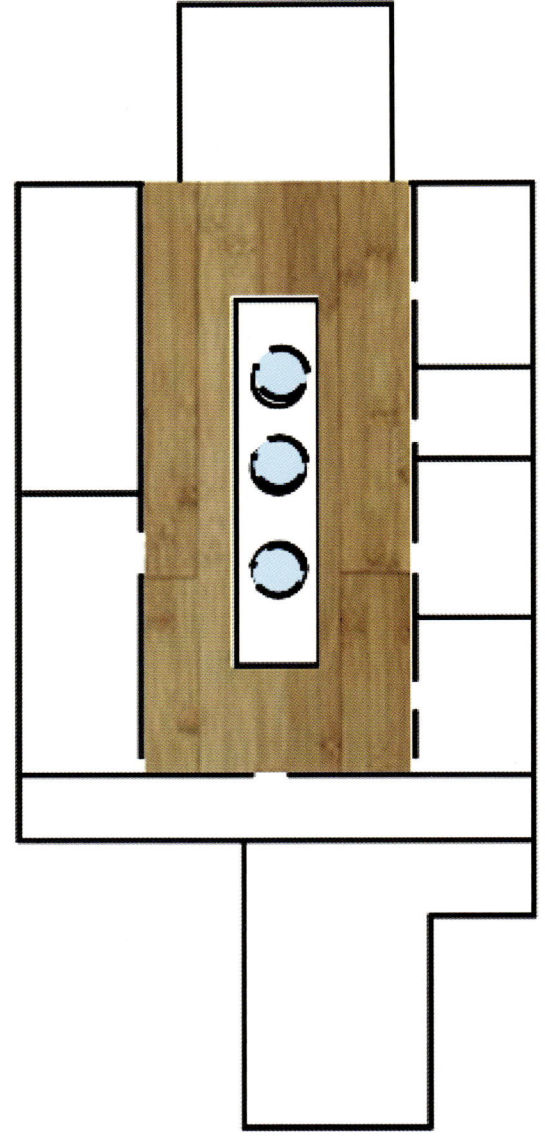

图二　基诺族火塘位置平面示意图

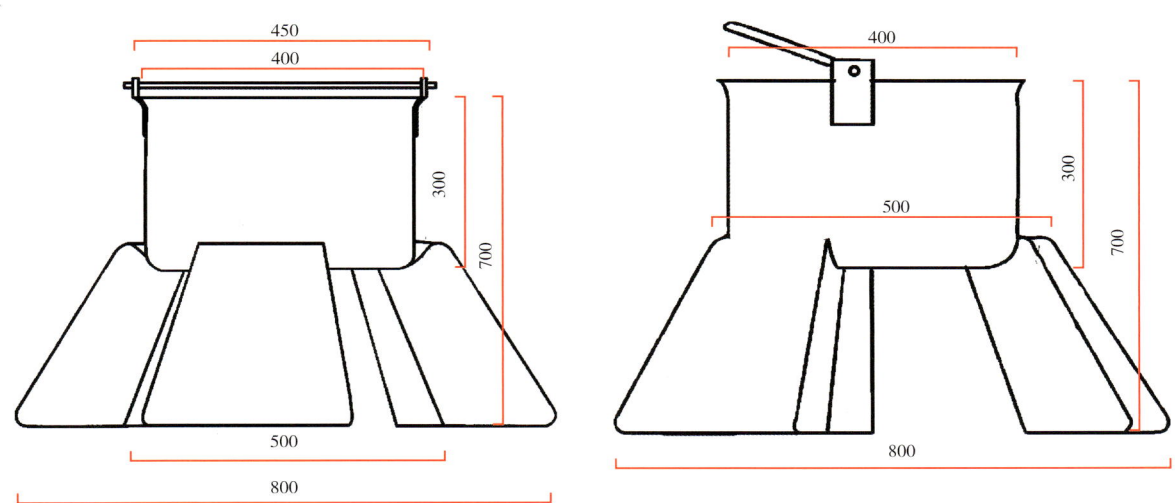

图三 基诺族单个火塘尺寸图(单位:mm)

图四 基诺族火塘结构分解图

图五　基诺族火塘搭建流程图

第二章 基诺族传统服饰

基诺族男子上衣

基诺族的服饰古朴素雅，简单大方，一般是全手工制作而成。在材料的选择上，基诺族人普遍喜欢穿着自己织制的、被称为"砍刀布"的土布。土布的原料由棉麻线混纺而成，颜色以原色为主，有彩色条纹点缀穿插其间。基诺族妇女采摘棉花后，先用纺锤将棉花捻成一根根均匀的白色棉线，然后用织布机织成布料。由于织布时，经线固定，纬线是用形状像砍刀式的木板推紧，所以这种土布也被称为"砍刀布"。"砍刀布"虽然缺少光泽，不够润滑细软，但是结实耐用，舒适吸汗，冬季利于保暖，夏季适于散热，非常适合基诺山的气候，因而深受基诺族人的喜爱。

基诺族男子最常见的着装是白色无领或小立领的对襟棉布上衣，又称为"柯突"。上衣采用传统的十字形裁剪方式，插肩袖做法；整体长度约至腹部，立式领口高约3厘米，前面衣襟一般无纽扣；袖口较为宽松，袖长则一般至腕部或腕部以上10厘米左右。衣服的前襟、胸部以及袖子上均缀饰有红色、黑色、蓝色彩条，后背接缝处缀以圆形或者方形的黑布图案，绣有日月花饰。这种白色对襟棉布上衣穿着非常方便，也可用腰带固定。

现代基诺族男子上衣仍保留了传统样式和色彩，但是在衣服的前襟采用类似盘扣的做法，或用简单的暗扣，使得穿脱更为方便。

从设计价值角度来说，基诺族人男子上

图一　基诺族男子上衣主图

衣的设计以白色为基调,采用了彩色线条装饰,简洁明快,具有独特的民族风格。上衣背面则使用了民族特有的绣花图案日月花饰,并且用色风格大胆,填补了现代人常常忽视的服饰背部设计,让背部也成为一道时尚美丽的风景。这在服饰设计功能性和设计性上是很好的范例,为设计师们提供了富有民族风情的创意启示。

图片来源
图一至图七　施魏祥　制图

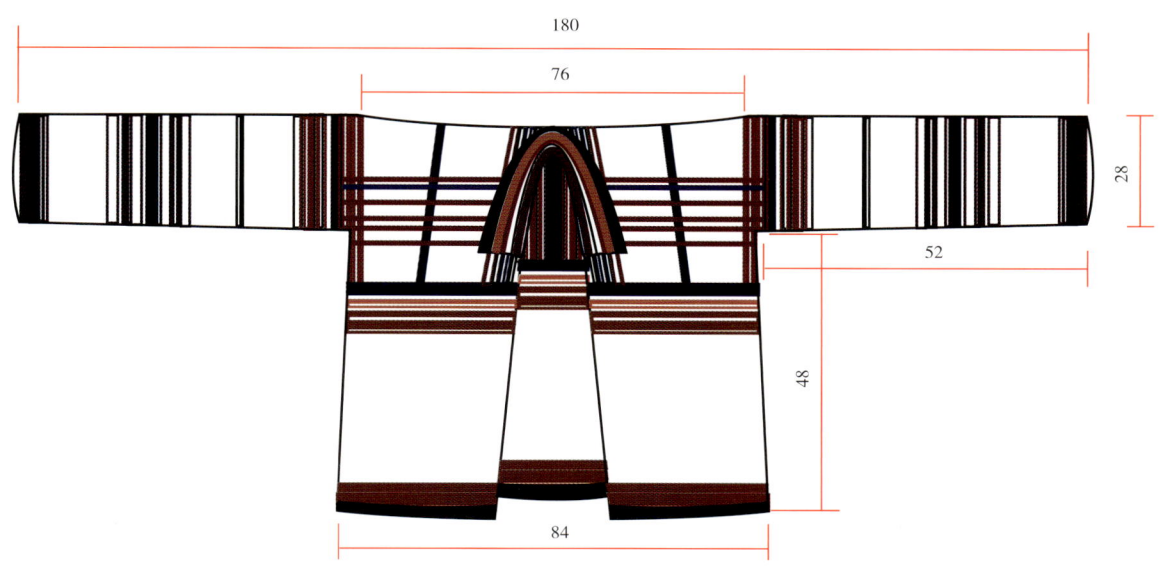

图二　基诺族男子上衣尺寸图(单位：cm)

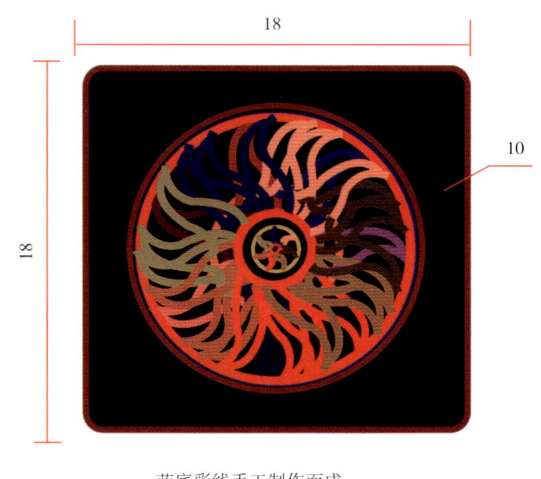

蓝底彩线手工制作而成

图三　基诺族男子上衣背部部分形式尺寸图(单位：cm)

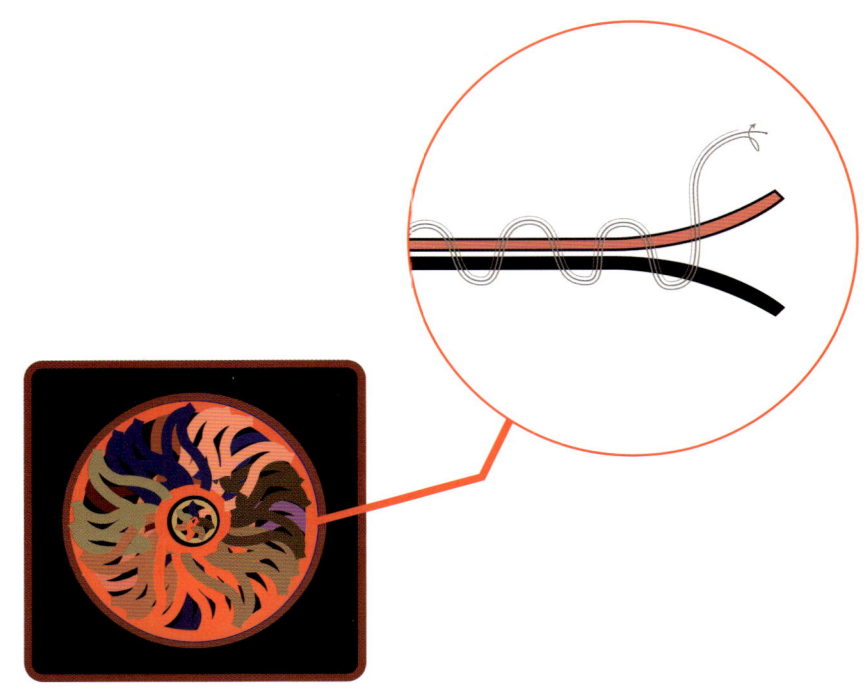

图四 基诺族男子上衣局部接缝夊针脚制作示意图

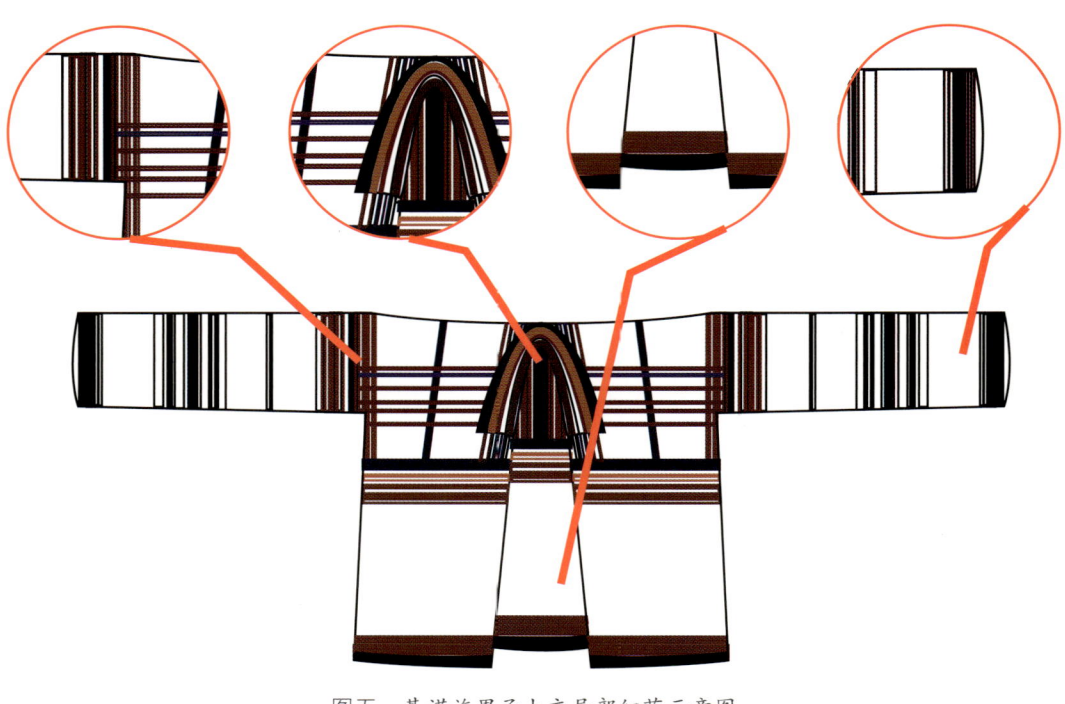

图五 基诺族男子上衣局部细节示意图

图六　基诺族男子上衣穿着效果示意图

图七　基诺族男子上衣节日着装效果示意图

基诺族男子下装

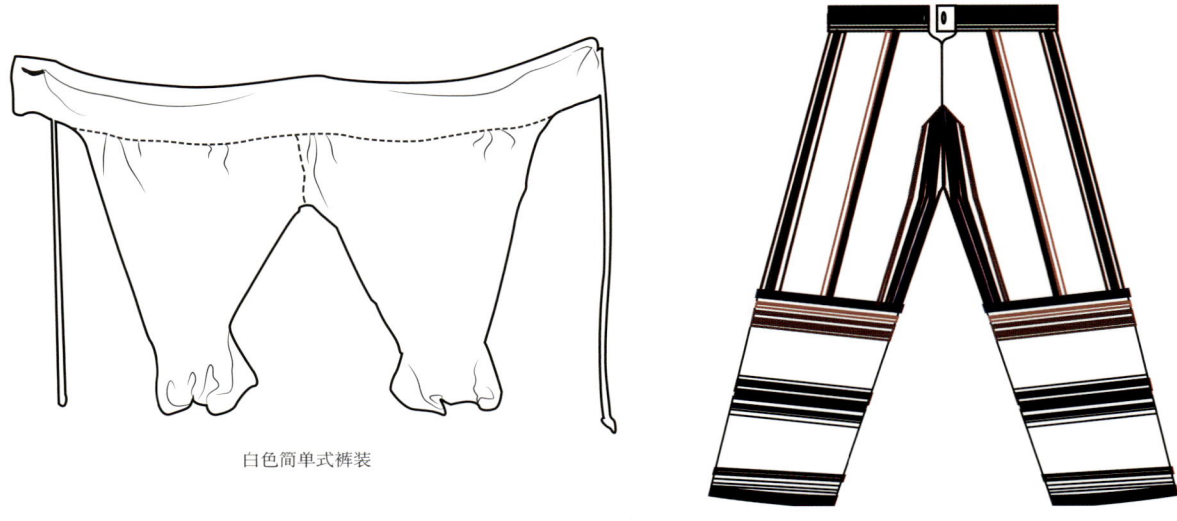

白色简单式裤装

白色复杂式裤装

图一　基诺族男子下装主图

基诺族男子的服饰特色与其生活环境、历史文化和传统信仰有关，一般是全手工制作，用黑、白、红为主的图案和线条组成的砍刀布剪裁、缝制而成。基诺族的男青年在十五六岁时，经过一个复杂而严肃的成人礼之后，才能换上成人厚实宽松的衣服，穿在身上突出男性的壮实、强悍之感。基诺族成人男装上身是白色无领对襟棉布上衣，又称为"柯突"，下装则称为"勒作"，为白色或蓝色的宽大长裤或短裤，扎宽布腰带，小腿上往往缠裹绑腿。相对于上装的装饰多样而言，基诺族男子的下装的剪裁和装饰相对较为简单，以实用为主。

基诺族男子的裤子样式一般为直裆、肥裤管，裤裆、裤管均较为宽大；男子的短裤一般长度至膝盖，而长裤则至脚踝处，需要时可以翻转上卷，不妨碍腿部动作，便于人们平时劳作和活动。裤子的内部可以裹绑腿。绑腿也用砍刀布制作，长短根据需要确定，可以防寒保暖，而天气炎热时则不裹绑腿。基诺族男子裤装的裤腿不贴身，通风透气，十分凉爽，适合平时居住的山中环境气候。

用彩条装饰是基诺族服装的鲜明特点，其男子裤装使用砍刀布制作，在其裤管中部也编织了彩条。男裤的裤管一般为砍刀布的宽度，剪裁时对折，裤缝一般设于腿部内侧。在裤子的髋部两侧各开一个15厘米左右的口子，设内插袋，袋口下方缝制一块四方形布，上面一般刺绣上基诺族独有的日月花饰。

基诺族男子穿着裤子时，将腿依次伸入裤管，再把宽大的腹裆在腹部前方打折，用宽10厘米左右的白色腰带或缀有彩色缨穗的腰带扎系于腰部固定即可。

随着经济条件和制作工艺的改善进步，基诺族的男裤也产生了一些变化。除了基本形式外，部分长裤在膝部以下的部位，水平缝一段砍刀布，接缝依然在内侧。这样，上部垂直的条纹与下部水平条纹形成对比，更有装饰美感。而裤腰则借鉴了现代裤子的做法，腹裆不似过去的那样肥大，腰部则采用上腰形式，将过去系于腰间的腰带直接缝制在腹裆之上，仅保留小段裤带用于系紧固定，也有采用扣子固定的。过去的宽腰带已经逐步只有纯装饰性作用。

另外，近现代基诺族男子裤装的装饰也日趋多样，除原有的砍刀布上的彩色条纹外，在裤子的外侧和裤脚则经常缝制上装饰花纹布，膝部绣制日月花纹或贴补彩色布料，臀部也经常有彩色条纹。

基诺族的男裤以实用、舒适为主，底色简单但装饰多样，古朴大方典雅，充分显示了基诺族男子勤劳朴实的性格。而近现代男子裤装上的装饰性变化，则显示了基诺族人美化生活的能力，既体现了文化的传承，又反映了民族性和时尚感的有机结合。

图片来源
图一至图四　施魏祥　制图
图五　施魏祥　摄影

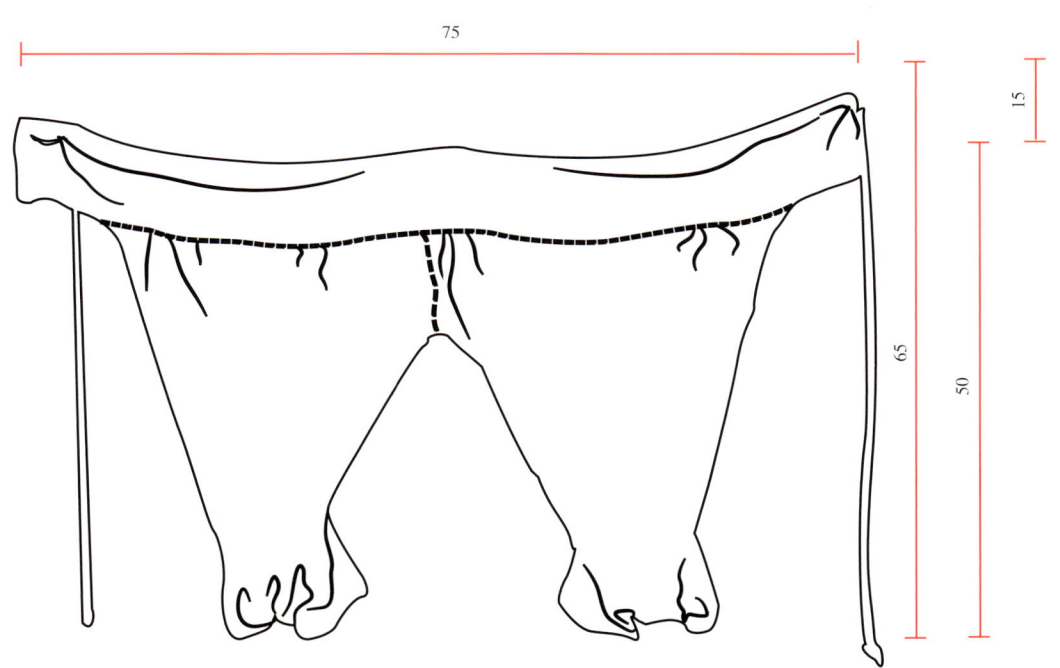

图二　基诺族男子下装之白色简单式裤装尺寸图（单位：cm）

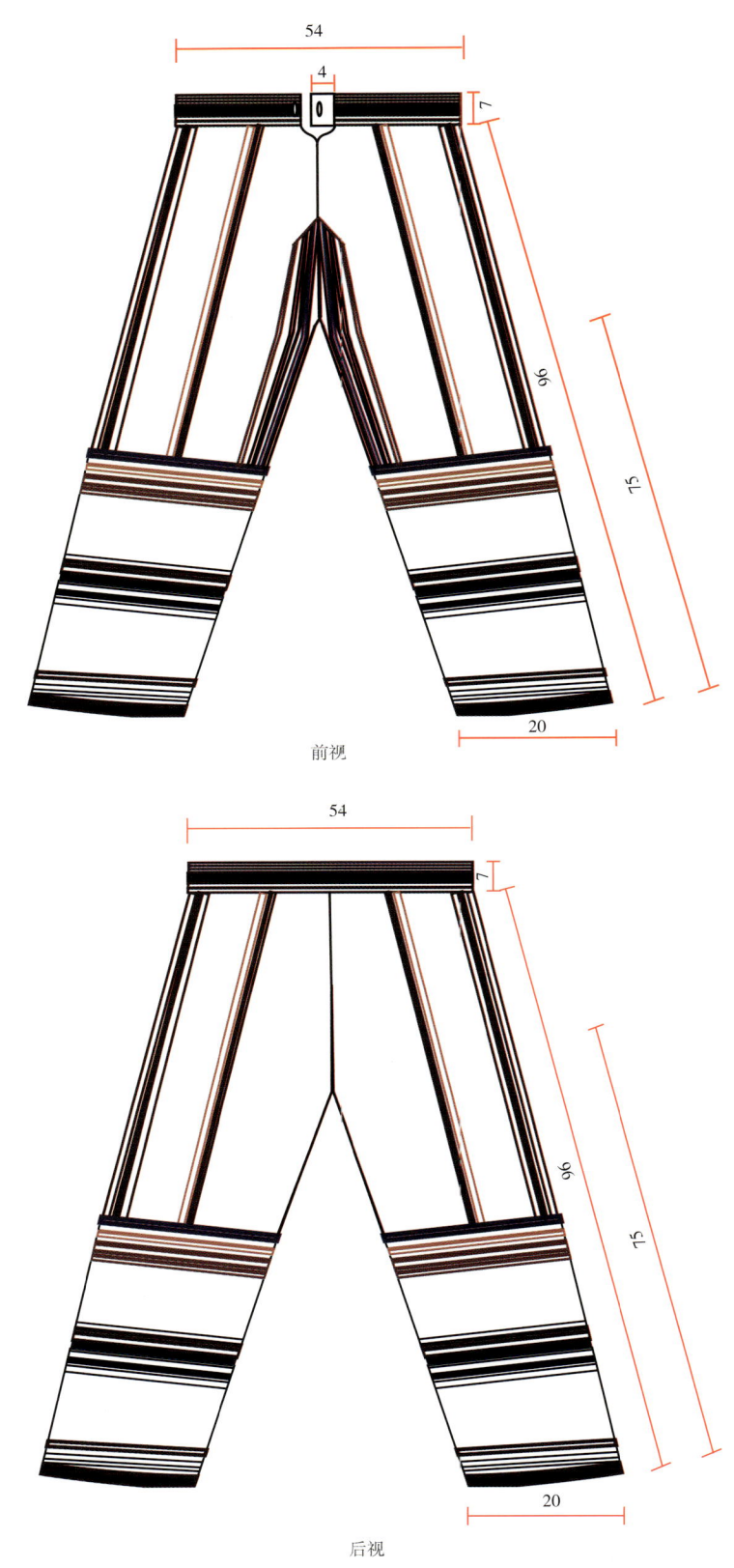

前视

后视

图三 基诺族男子下装之白色复杂式裤装尺寸图（单位：cm）

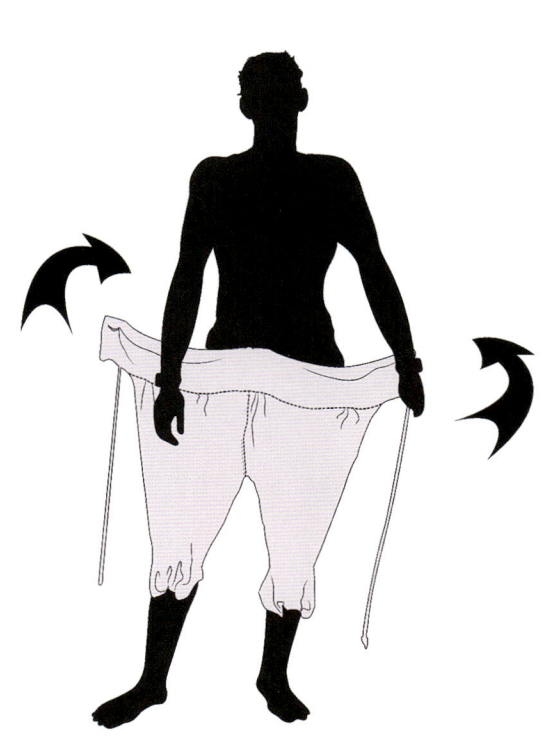

图四　基诺族男子下装穿着方式示意图

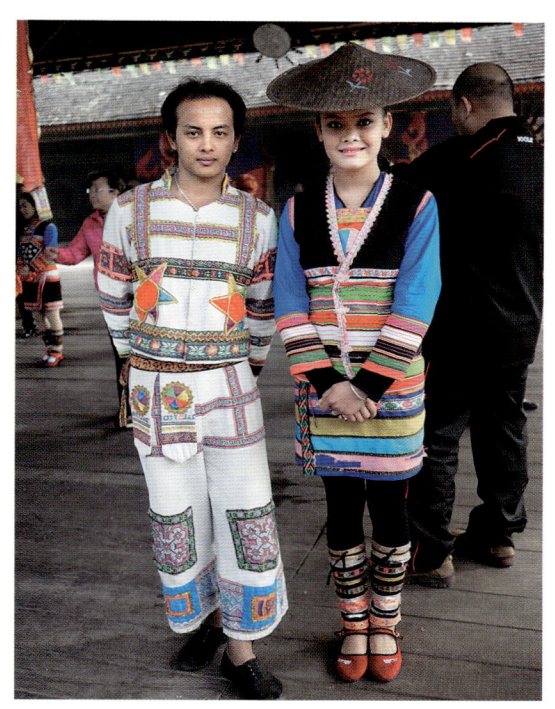

图五　基诺族男子下装穿着情境图

第二章　基诺族传统服饰

055

基诺族女子上衣

图一　基诺族女子上衣主图

相对于男子服饰的浅色系，基诺族女子的服饰则以黑色、蓝色为主要底色，用彩色线条加以装饰。服饰图案整体的颜色给人以古朴大方、凝重典雅的感觉，用鲜艳的黄色和红色加以点缀，显得不沉闷，衬托出女子的端庄美丽。

基诺族成年女子的上衣是漂亮别致的对襟无领无扣短褂，也叫"柯突"，采用南方服饰特点的"十"字型平面结构，短褂长度至腰部上端，袖口和腰部较为宽松，无领无扣。"柯突"上半部分的肩部一般用黑色砍刀布制成；正面的下半部分用红、白、黑、黄、青、蓝、紫七色布条拼成横条花纹，这部分称为"色特"。袖身为蓝色，有对称的彩色条纹，用黑、红线镶边。在短褂内，女子们还穿一件上呈方形下呈缺角菱形的肚兜，称为"撒拍"，意为"遮羞"。

这种对襟无领无扣短褂又被称作"彩虹衣"，这个美丽的名字来源于至今仍在基诺族民间流传的一个传说：很久以前，一个基诺族姑娘受尽各种磨难，后来有一位祖先老奶奶把天上的彩虹披到她身上，使她不仅变得十分美丽，而且从此过上幸福如意的生活。从此，基诺族人就把彩虹的颜色作为本民族的装饰，女性的短褂上衣，就是这个特色最好的体现。

与基诺族男子上装相同的是，女子的对襟无领无扣短褂式样简单，穿着十分方便；先后将两手臂伸入衣袖，之后稍微调整全衣直到舒适即可。这样，短褂的前后襟长度虽然不长，但长袖起到了很好的保暖和防护作用。

基诺族是一个崇尚"万物有灵"的民族，认为自然界的一切都有灵气，所以在基诺族服饰上黑、白、红、黄、蓝、绿、紫等自然界各种事物的颜色经过巧妙穿插，颜色之间相互映衬，非常协调，艳而不俗，同时点缀着不同的装饰品和银饰，高度简练的图案却充满活泼之感。

对襟无领无扣短褂是基诺族女子服饰中具有代表性的案例之一。它既结实耐用舒适，用色以蓝、黑等深色系为基调，但鲜亮的七色纹饰又添加了活泼亮丽的气息。短褂能够如此和谐地把人与美丽传说完美地结合起来，各种色彩互相映衬穿插，表达出一种简朴、洁净和浑厚的天然之美及人与自然的和谐统一，充分显示出了基诺族人追求美、塑造美的能力。基诺族服饰主要使用的图案纹饰有几何图案、动物图案、植物图案等，近年来，牡丹花纹、万字花纹、鸡爪花纹等传统吉祥图案也应用在了基诺族的服饰上，将民族性和时尚感结合得非常和谐，是服装设计中很好的典范。

图片来源
图一　乔宁宁　摄影
图二至图五　乔宁宁　制图
图六　李琪　制图

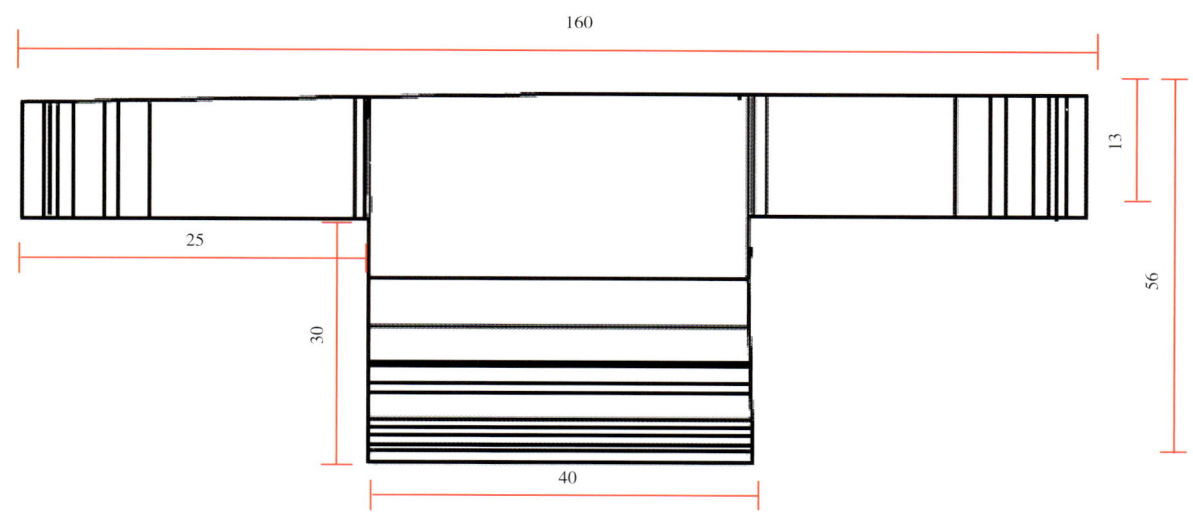

图二　基诺族女子上衣尺寸图（单位：cm）

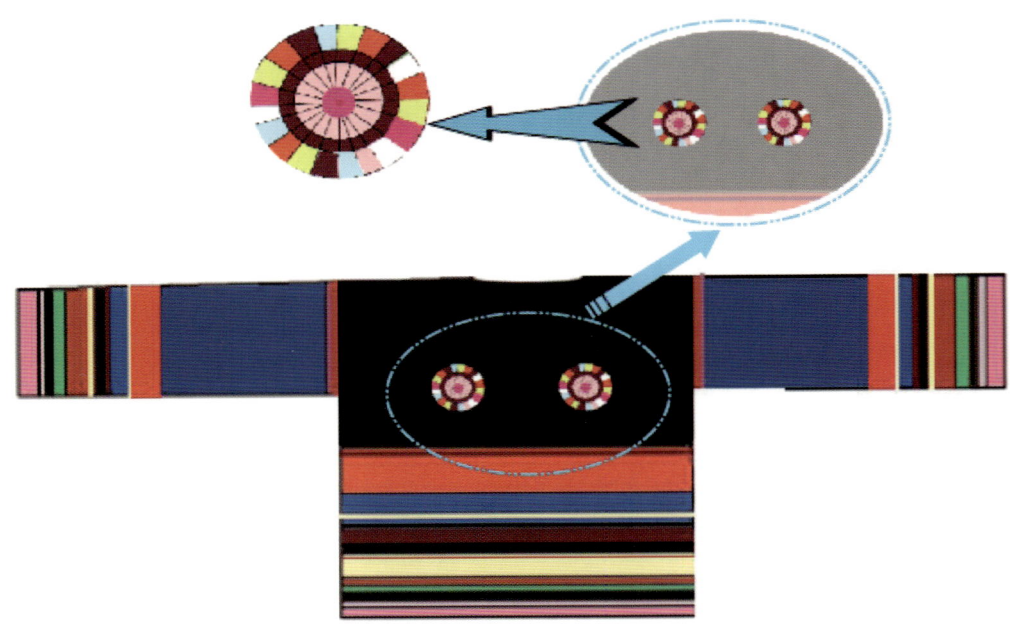

图三　基诺族女子上衣图案色彩示意图

图四　基诺族女子上衣腰部图案色彩示意图

图五　基诺族女子上衣穿着效果示意图

图六　基诺族女子上衣节日着装效果示意图

基诺族肚兜

图一　基诺族肚兜主图

基诺族女性上身常穿着蓝色、黑色为底色的无领对襟短开衫，并在开衫的衣襟下部、肘部等位置用各色布条装饰，使人显得既庄重又活泼。在开衫里面，基诺族女子还经常穿着一件类似鸡心形的肚兜，有的上面装饰着条纹或绣花图案，有的装饰满各种颜色的珠珠或各种形状的银饰品，肚兜闪闪发光，使人容光焕发。也有一些基诺族女子将开衫扣住，而把肚兜穿在开衫外面，用腰带固定。

基诺族的肚兜，称为"撒拍"，意为"遮羞"。肚兜以黑色或蓝色为底色。肚兜上半截绣着各色花纹的图案，在上半截的两端各固定一根带子，用来套在脖子上。下半截有夹层，夹层用白细布做成，下半截的两端上下都各有一根带子，作用是为了将其固定在胸部和腰部。两端的带子长度不一样，一般习惯系在右侧。肚兜长度一般以覆盖肚脐为止，穿时用颈带和腰带固定。

儿童的肚兜是单层的，边缘有花纹，但上面没有图案。成年女子的肚兜上半截刺绣，从上到下首先是彩虹纹（五到七个颜色），然后依次是草叶纹、蚂蚁路纹、水纹和植物纹样等。基诺族姑娘还喜欢在肚兜上镶银饰，用银泡做成太阳花的形状，象征富贵，但镶多少要视家庭富裕情况来定。有些比较富裕的人家女性用银泡，普通人家就用彩色的穗。肚兜的下半截用白细布做成，可有夹层，一是用来代替钱包或装小型物品，二是白细布比较精致，可以减少对皮肤的摩擦。

按照习俗，基诺族女性结婚时，全身服装必须是新的，肚兜的刺绣则比平时的更加精致，肚兜上有时还装饰一些象征富裕的图案。

肚兜是基诺族女性服饰的重点装饰部位，图案含蓄，色彩不失艳丽，显得大方而活泼俏丽。基诺族女性喜爱在肚兜上加上刺绣和银饰，现在也会直接在市场上买好看的花边来装饰。这种技法如巧妙运用，可增添现代服饰的装饰效果。

图片来源
图一至图五　乔宁宁　制图
图六　李思绮　制图

图二　基诺族肚兜尺寸图（单位：cm）

图三　基诺族肚兜结构分析图

图四　基诺族肚兜色彩对比示意图

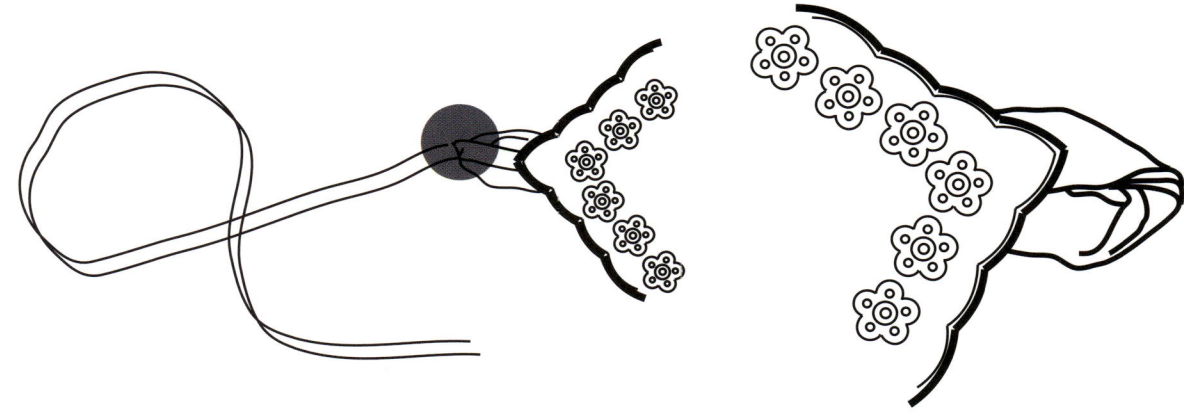

图五　基诺族肚兜细节示意图

图六　基诺族肚兜穿着效果示意图

基诺族女子筒裙

图一 基诺族女子筒裙主图

基诺族女子下穿前开合用红布镶边的黑裙，裙子的上部用白底织纹布，与上衣装饰相呼应，约占裙长的2/5，下面3/5为黑色。

成年女子下身穿筒裙，长过膝，下半截用汉族织的黑布做成，腰部是白色砍刀布，筒裙上的砍刀布纹理都是有规律排列的。白色砍刀布边缘及中间用红色、黑色线条装饰，黑色布边缘用带有花纹的彩色布条装饰。整条裙子其实就是用两种布拼缀而成的一块整布。裙下摆及开处有彩色花边，两端交结于腹前，这样的衬托手法使中间部位条纹花更加鲜明。筒裙穿时两头在前交叉，下摆的边用红布做成。成年妇女的筒裙分两层，外边一层较里边一层短，里边一层正后方缀有一块细布可以拆洗。这是一块经常换洗的布。现在基诺族妇女的筒裙基本上都简化成了一层。腿上打有简单花纹的蓝色裹腿。20世纪50年代前基诺族妇女均穿筒裙而不穿裤子,她们在小腿上裹上黑色的包脚布，包脚布有做成筒状套上的和做成布块围扎的两种。

基诺族的短筒裙，也是现在的流行款式。其色彩运用百无禁忌，以高纯度的红、蓝为主色调，再配以其他反差极大的色彩，给人造成强烈的视觉冲击。现代服饰设计及平面设计中可以借鉴其色彩运用的大胆风格。基诺族服饰与现代设计的结合，是时代发展到一定阶段的产物，两者是相互发展、相互依存的。对基诺族传统服饰的开发，不能忽略其宝贵的造型、色彩、纹饰等传统特色，也不能无视时代的审美要求，必须要遵循"传统与现代相结合，文化与经济相结合，艺术与生活相结合"的原则。

图片来源
图一至图五　田炎梅　制图

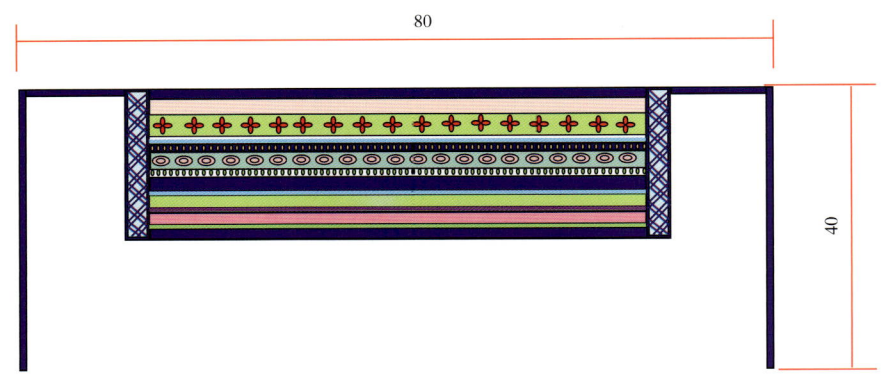

图二　基诺族女子筒裙尺寸图（单位：cm）

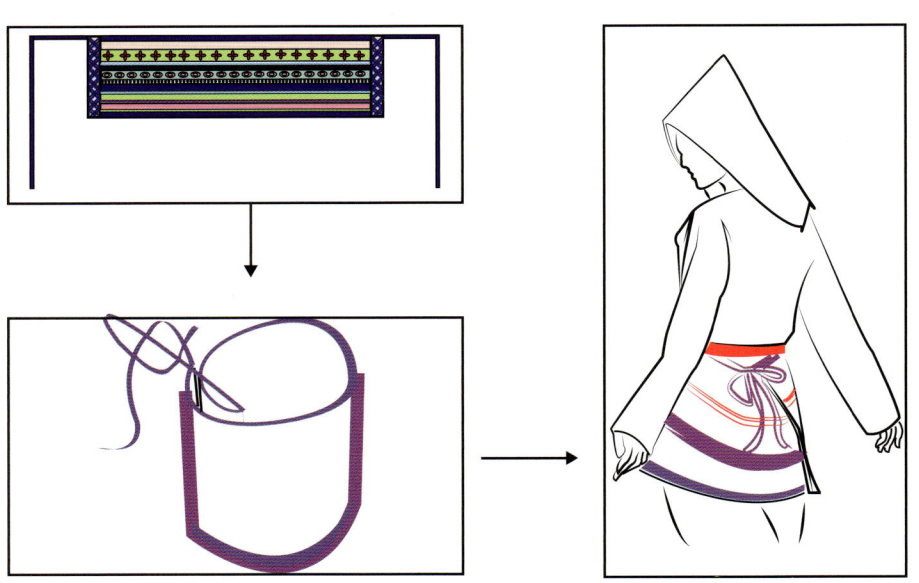

图三　基诺族女子筒裙结构分析图

图四 基诺族女子筒裙缝制示意图

图五 基诺族女子筒裙色彩示意图

基诺族黑色包头

图一　基诺族黑色包头主图

基诺族的男子根据年龄不同，戴不同的头饰。一般未成年的男孩留短头发、戴帽子，十五六岁举行过成人礼之后，就将帽子换为黑色包头。

基诺语称黑色包头为"乌托"，通常是用染成黑色的、宽一尺左右的砍刀布制作头帕，缠绕于头部，长度根据需要确定，但缠绕时应露出耳朵和头顶。富有特色的是，基诺族年长男子的黑色包头末端处，往往有红、黄、白、蓝、绿等彩色丝线缝边，并且挂有彩色线穗；而青年男子黑色包头的一侧往往插缀着一朵色彩缤纷的装饰花，装饰花是用彩色丝线串着红豆子，下面还悬吊着绿壳虫的翅膀做成的花朵。对基诺族年轻人来说，这种装饰花有着极为特殊的含义，这是他们的恋人赠送的定情之物，红色的豆子永不褪色，金黄色闪着绿光的绿壳虫翅膀，坚硬而不易破碎，象征着两人爱情的坚贞持久。

黑色包头所用的头帕，是由基诺族妇女自制而成。在基诺山，随处都可以看到妇女手持纺轮捻线，纺线捻好之后需要进行染色处理，一般用树皮、树根或植物的叶子、花卉和果实的液汁，把白线染成黑色，然后用于织布。黑布织完之后，再在一端绣上多种色彩的底边，并编织出彩色线穗。

基诺族黑色包头的头帕，可大可小；不但可以保护头发脸面、防尘挡风，而且缠绕起来非常灵活方便，因而格外实用。

穿戴包头时，先将头帕叠成五六寸宽的长条状，一般从右侧开始，围绕头顶由右向后再向前成圈缠绕。缠绕时需注意调整头帕的长度和位置，应让头帕端部的穗头正好位于两边鬓角处，最后将头帕尾部向里一掖，固定即可，头顶和耳朵露在外面。

基诺族的黑色包头可以说是少数民族头饰的一个典型代表。从实用角度看，它既是基诺族男子迈入成年的一种重要标志，也具有保护头部、防尘挡风的实际功能，而且制作和穿戴相对简单，又经久耐用。从美学角度说，基诺族人黑色包头并不仅仅是单调的黑色，一彩色丝线制作的装饰花色彩鲜艳突出、形式多样，起到了很好地点缀作用。基诺族男子的包头很好地保留了本民族自身的特色，也为当代设计提供了可贵的素材。

图片来源
图一至图五　田炎梅　制图

图二　基诺族黑色包头尺寸图（单位：cm）

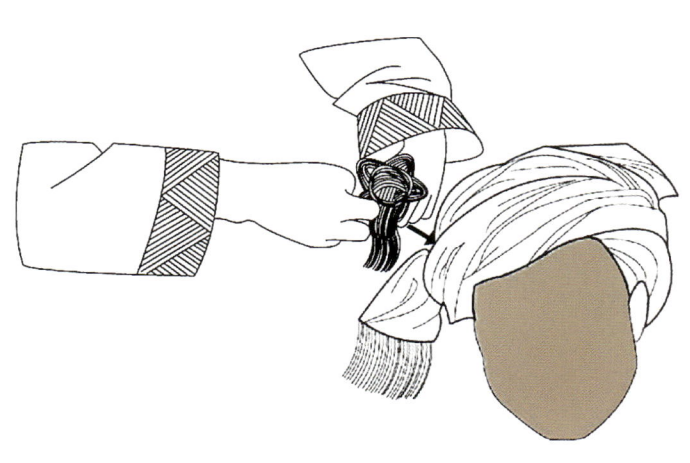

图三　基诺族黑色包头局部示意图

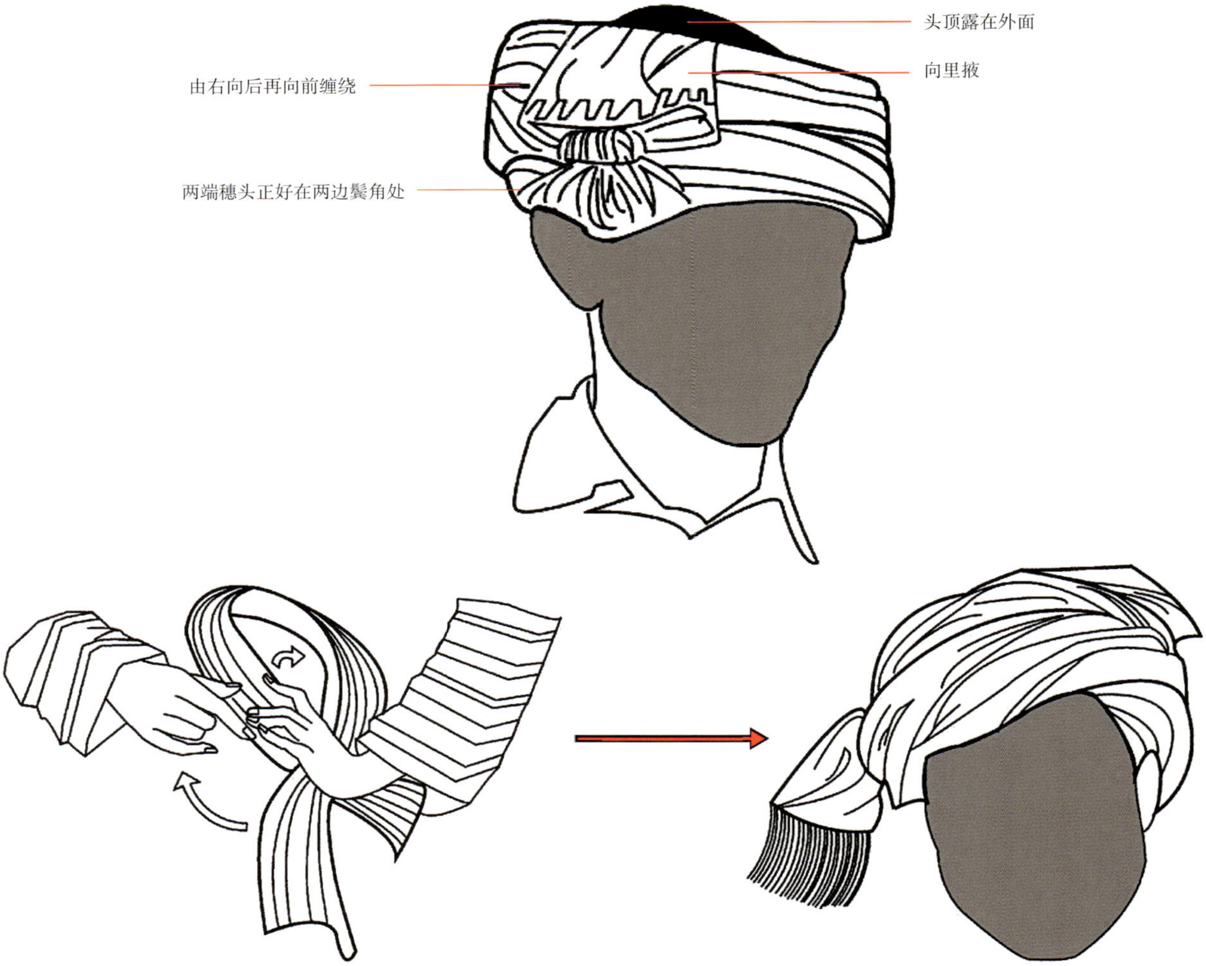

头顶露在外面

向里披

由右向后再向前缠绕

两端穗头正好在两边鬓角处

图四　基诺族黑色包头缠绕方法解析图

图五　基诺族黑色包头穿戴效果示意图

基诺族白色三角形尖帽

图一　基诺族白色三角形尖帽主图

基诺族妇女头上均戴有一顶用白色砍刀布制成的三角形尖帽，也称为"乌妞"。这种三角形帽子是基诺族服饰的一个有别于其他民族的特色。

基诺族妇女戴白色的三角形尖帽的传统源于一个传说。相传基诺族的创世女神"阿摸尧白"从水里浮出来时就是戴着白色的尖顶帽、穿着白色衣裙，她用泥土造出了基诺族。因此，基诺族妇女仿照"阿摸尧白"，戴白色的尖顶帽。这种帽下垂至颈后，覆盖两耳，非常适应山地环境，具有挡风遮阳及防虫的作用，也体现了基诺族人对创世祖先的崇拜。

白色的尖帽上添置的彩色条纹，则与一个动人的爱情故事有关。相传美丽善良的基诺族姑娘布鲁蕾和勤劳忠厚的小伙子泽白是一对幸福的恋人。正当他们要结婚时，布鲁蕾被附近寨子的富家公子泽木拉抢走，并威逼她在三天内与自己成婚。布鲁蕾不从，他就从火塘中抽出一根烧过的柴火在姑娘的帽子上从前划到后，洁白的尖顶帽上留下了几道柴火头的黑印子，中间的粗，边上的细。这就是今天基诺族妇女尖顶帽上黑条花纹的由来。在劫持布鲁蕾时，泽木拉用藤绳捆住她的手脚，藤绳把布鲁蕾的手臂和小腿磨得皮开肉绽，一道道血印留在了洁白的衣裙上。从此，基诺族妇女的帽子和衣裙上便镶上红、黑色的条纹，以示对爱情的忠贞，后来又添加了蓝、黄等装饰颜色。

基诺族妇女的白色三角形尖帽一般由竖条花纹的自织砍刀布幅布裁断并对折，然后缝合一边而成，下沿可以用珠子、绒线和羽毛做流苏装饰。这种帽子具有束发、保护头部、御寒、装饰等很多功能。穿戴时，帽的前沿朝外折起指许宽的一道边翻卷，两侧下垂，显得简洁明快、朴实大方。前帽沿刚好搭齐眉梢，两侧帽沿护住耳朵。帽披不长，一般垂披到肩，护住头发和脖子。某些基诺族分支的妇女所戴的三角帽的帽披较长，可达到背部，帽披处还绣有花纹图案。从基诺族三角形尖帽现有的图案纹样上看，有序、简洁、易于制作的几何纹使用数量最多、范围最广。

基诺族已婚和未婚妇女的服饰区别不太显著，主要的区别就在于帽式和发式。已婚妇女戴的帽子是尖平顶，长发打结，并用竹编发卡"俄搓"卡住，帽子前倾，帽尖呈尖平顶，一眼看去，好似一朵盛开着的勾头鸡冠花。未婚女子则一般头发散披在肩上，或梳髻于脑后右方，将帽子服贴地戴在头上，帽子则为尖顶。

女子三角形尖帽是基诺族非常独特的服饰组成部分，是其民族身份辨识的重要途径。头巾沿中线对折，如此简易的形制体现了基诺族的民族特色，而且其设计造型特别，颜色简单大方，可以防尘遮阳并且经久耐用，方便佩戴。其颜色多以白色为底色，以红色和黑色线条为主要表现形式，由条纹和非常规则的几何图形组成，主色调鲜明突出，设计构成感强，颜色以及线条经过巧妙地穿插，相互映衬，给人清新爽朗的视觉感受，表达出一种简朴洁净和浑厚的天然之美及人与自然的和谐统一，是基诺族独特审美的表现。

图片来源
图一　李思绮　制图
图二至图六　田炎梅　制图

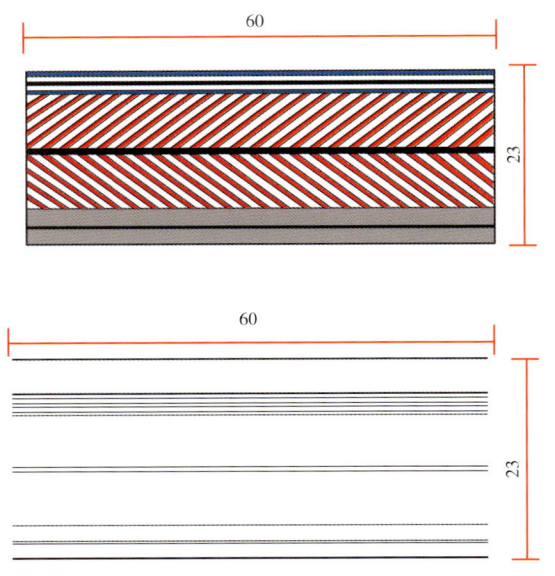

图二　基诺族白色三角形尖帽之披风式白地彩文三角尖顶帽尺寸图（单位：cm）

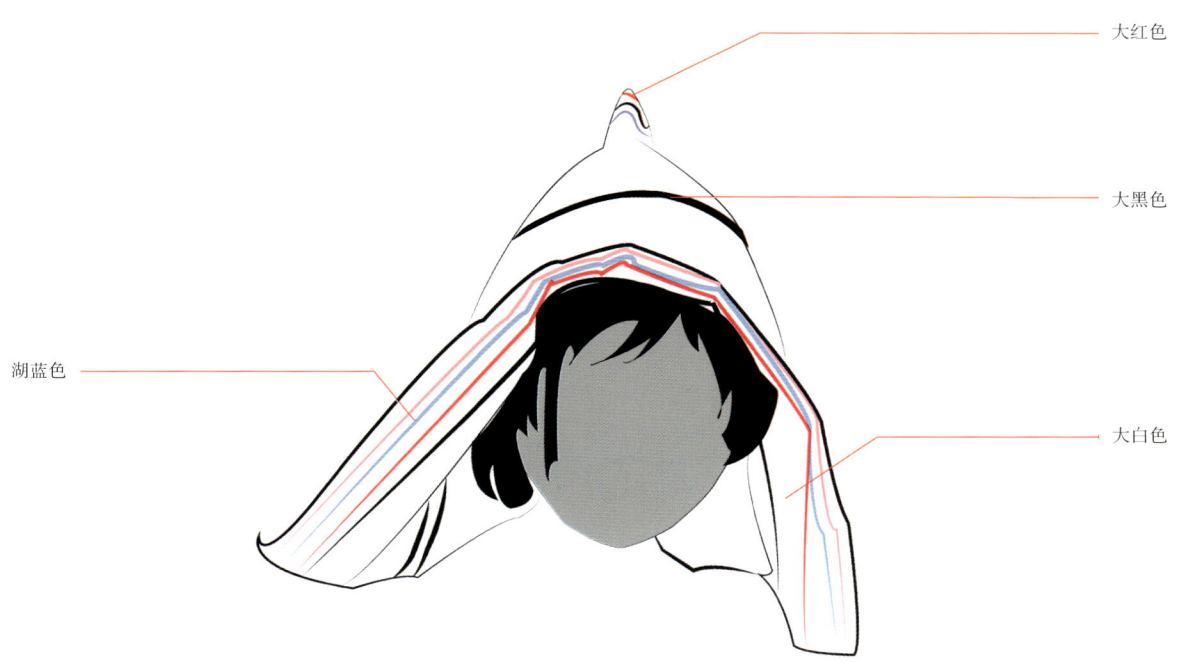

图三 基诺族白色三角形尖帽之披风式白地彩文三角尖顶帽色彩解析图

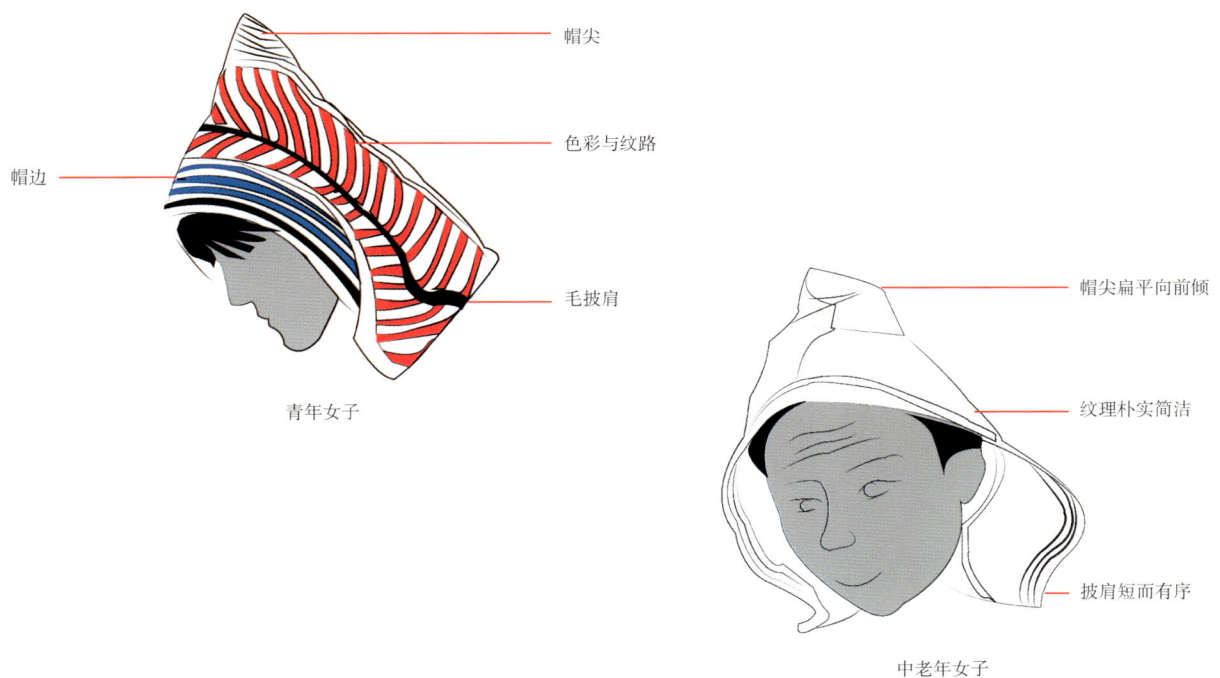

图四 基诺族白色三角形尖帽之披风式白地彩文三角尖顶帽结构解析图

第二章 基诺族传统服饰

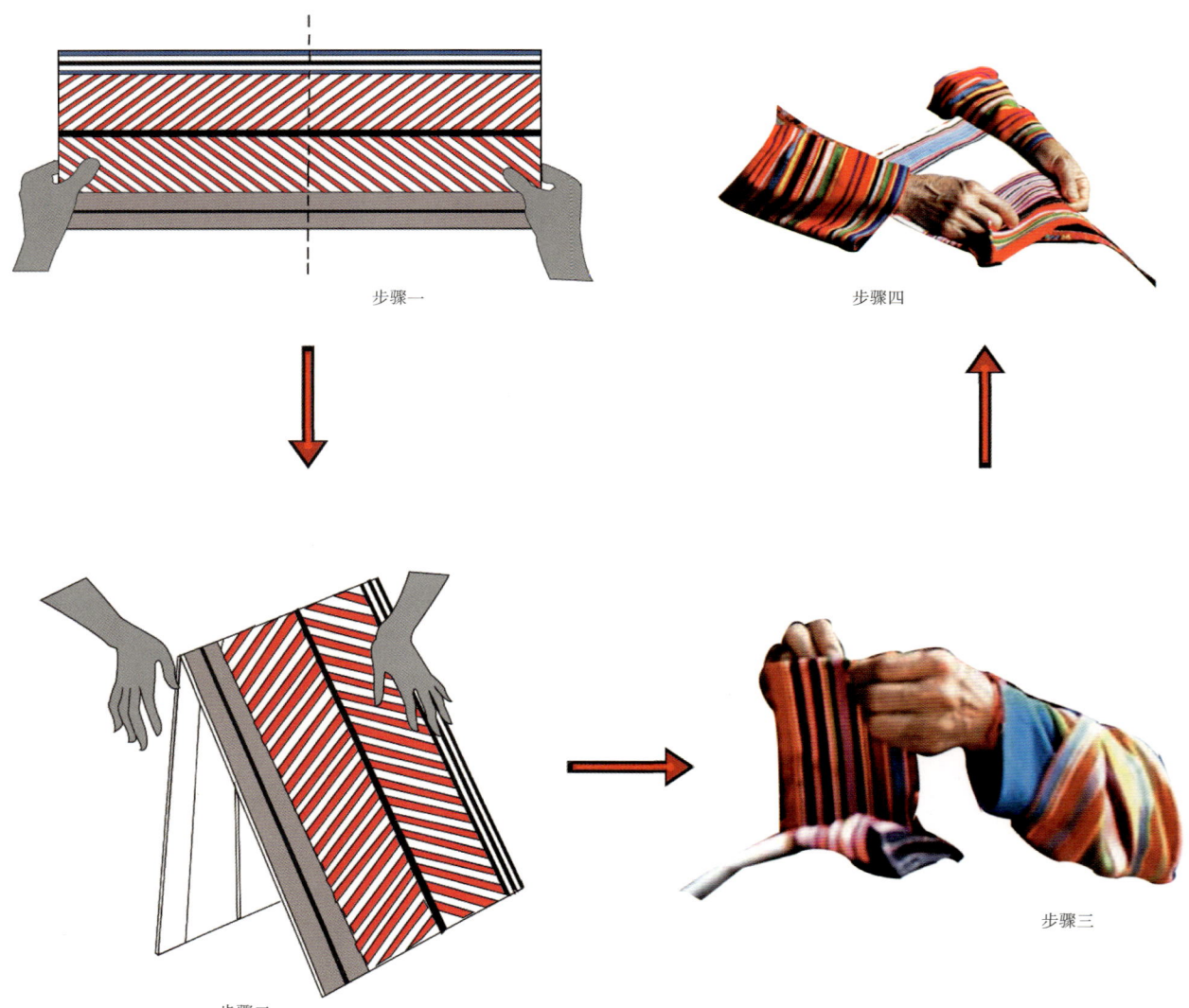

图五　基诺族白色三角形尖帽之披风式白地彩文三角尖顶帽制作流程图

基诺族草鞋

图一　基诺族草鞋主图

过去，草鞋曾是基诺族人的必备物品。草鞋轻巧、玲珑、经济、实用，是人们上山砍柴、下地劳动时穿戴保护脚的工具，穿起来既轻便又舒服。

草鞋虽然普通，有经验的老人们制作草鞋驾轻就熟，但实际上草鞋的制作也有比较复杂和讲究的工艺。基诺族编草鞋不像江南地区要准备"草鞋爬""草鞋耙扒""草鞋扛"等辅助工具，通常徒手即制作完成。打草鞋原料有麻或稻秆，最好的材料是麻，既结实又不磨脚。一般会将麻的新鲜叶片放在泥塘里，约一周时间后将其捞上来，这时叶肉组织已经腐坏，只剩下非常结实的叶脉纤维组织，这就是做草鞋最好的原料——麻。基诺族人会把麻搓成直径约1厘米的麻绳，然后将这根麻绳对折，变成两条草鞋经，在中间部分打个活结做个圈儿，即是草鞋鼻头。有时也会在这个圈中横插一根木头，便于用力使草鞋编得更加紧实。将两条草鞋经再各分两股，变成四股草鞋经。草鞋的长短，取决于从草鞋鼻头到草鞋爬齿的四条草鞋经的长度，通常以自己的前手臂的长度为标准，基本就能适合鞋的长度了。接下来取另外准备好的较细一些的麻绳在四条鞋经一上一下穿制纬线，在每穿一次纬线时都要把麻绳向自己方向索紧，穿过两条边经时也要索紧，穿过中间两条鞋经时，纬线麻绳要适当放松。这样编制好的草鞋，穿起来又牢、又软、又舒服。草鞋前头长度编制到一手掌的横宽，在左右两边的草鞋经上做草鞋扣儿，用较细的麻绳系在草鞋经上，搓绳做两个长短不一的扣儿，做好前鞋扣，接下来继续用麻绳编制，每次插入稻草的接头都放到鞋下面，上面保持美观、平整，适应脚穿，不损脚。鞋身编制五指宽的长度，在左右两边鞋绳用络麻各做两个长短的草鞋扣儿(后鞋扣)。再编制后鞋根长度，达到四手指横宽，将鞋经由四草鞋经变为二草鞋经进行编制，编到2寸长的后根，将剩下的两条草鞋绳打结。然后用木头的鞋捶敲打草鞋，使其变软，修饰鞋型，直至满意。把后根两条草鞋经反扣在后草鞋扣儿上。再取两条麻绳，穿过草鞋鼻头，以备穿鞋时系带，就制作成一双完整的草鞋了。

图片来源
图一　施魏祥　摄影
图二至图四　施魏祥　制图

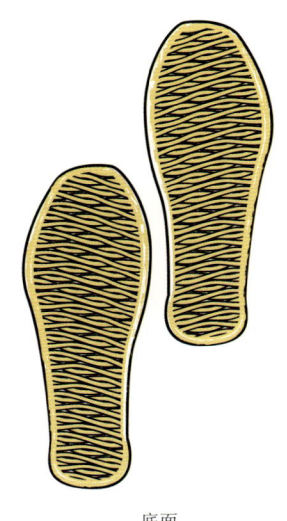
底面

侧面

图二　基诺族草鞋底面、侧面示意图

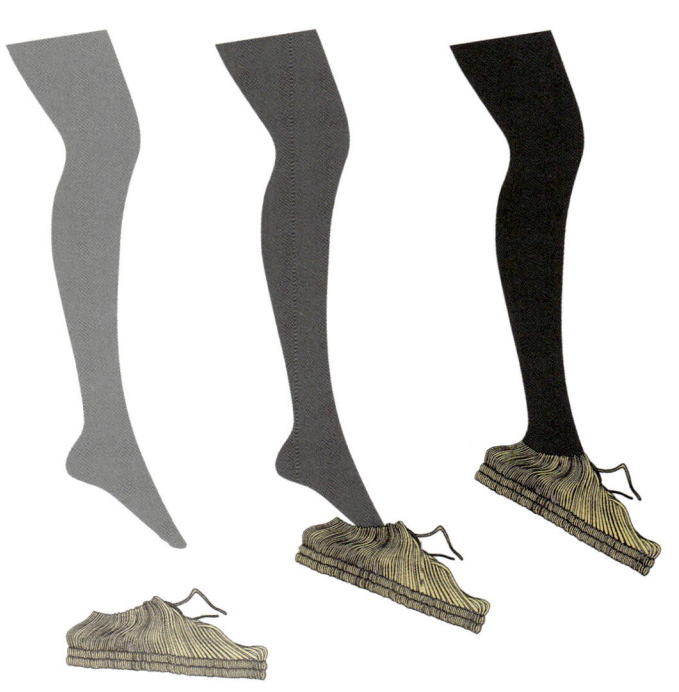

图三　基诺族草鞋穿着示意图

图四 基诺族草鞋制作流程图

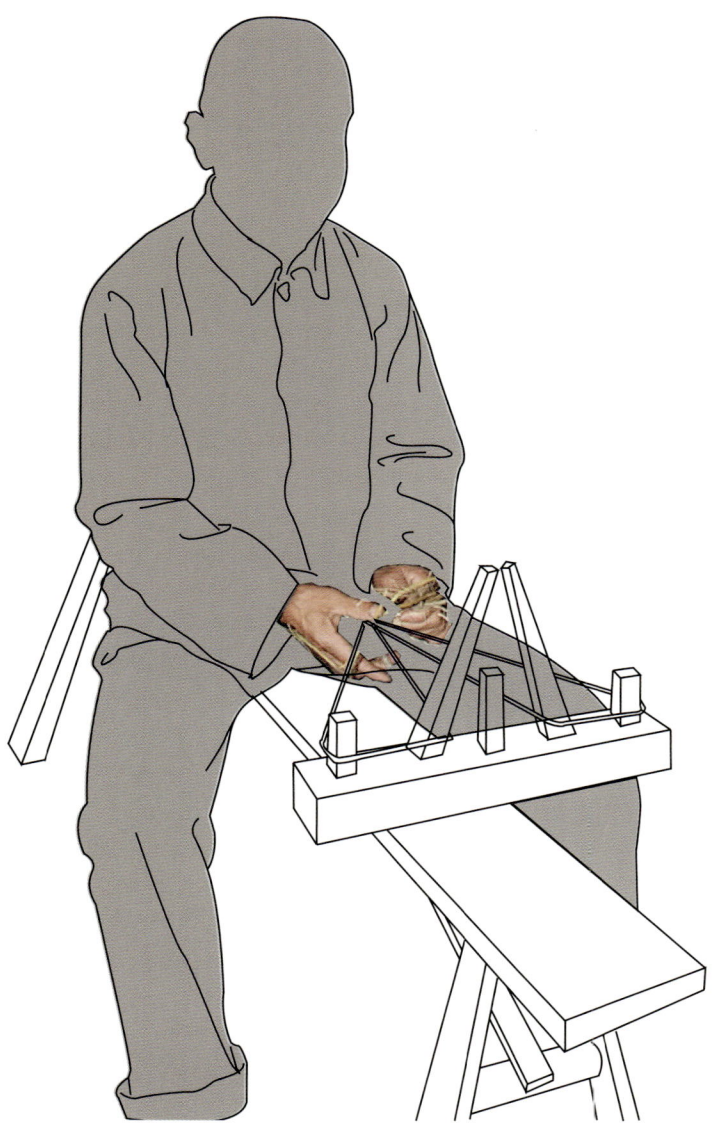
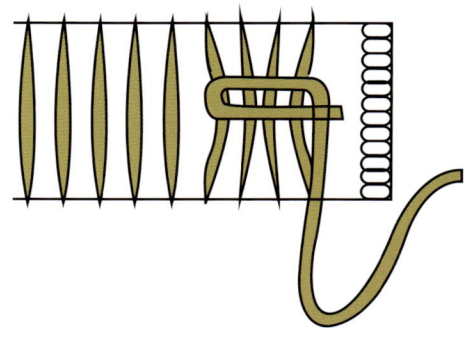
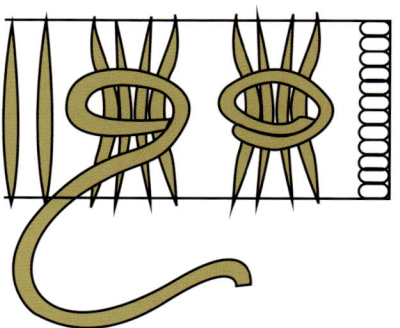

图五　基诺族草鞋编制过程针脚细节示意图

基诺族筒帕

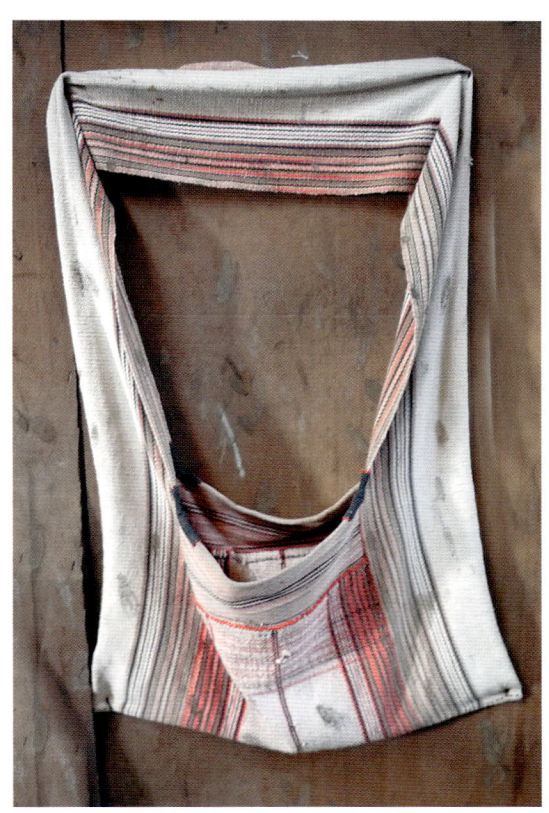

图一　基诺族筒帕主图

　　基诺族人随身必备的"筒帕"即斜挎包，既实用，又是馈赠佳品，往往还是年轻人互赠的爱情信物。

　　筒帕其实就是傣族织锦的一种，从最初的麻、棉纺织发展到现在的丝、毛和棉混纺。基诺族女孩从小就学习纺织筒帕，人人都练就了一手出色的纺织技艺，基诺族姑娘会把自己纺织得最漂亮的筒帕，送给自己的心上人。对于青年男女而言，筒帕是相互表达爱慕之情的信物。小伙收到姑娘的筒帕，就是得到了爱情的信息，需把自己亲手制作的竹器回赠给对方。筒帕虽是一件小小的工艺品，但随着旅游业的发展，它已经成为当地颇受欢迎的旅游纪念品。受传统观念的影响，男子的筒帕一般比女子的大，男子的筒帕上绣有9个图案，女子的筒帕上绣有7个图案，象征着男子有9个魂而女子有7个魂。筒帕是基诺族服饰特色的缩影，其色彩和图纹汇集了基诺族服饰的主要特征。自织的棉麻条纹底布，是基诺族男女衣装的主要原料，它们自然也被用于筒帕的缝制上。简捷的做法，是将约一尺宽的腰织土布，裁成几块，长的那块对折成条,做挎包带子和挎包两侧,短的横折加边,拼接在中间作为筒帕包面。这类筒帕制作简便牢实,式样大方,成为基诺族男女老少日用的佩物。另一类筒帕缝绣较多,其纹样有类似女子胸衣装饰的回纹绣、万字花、人字花、巴掌花、四瓣花、穗子花等,还有饰于男子上衣背部的月亮花(又叫太阳花或太阳鸡爪花)、饰于女子上衣背部的双瓣八角花等,有的筒帕将男女青年衣饰精华同饰在一起,这类筒帕应是情感信物。

筒帕既是日常生活的必需品,又是精致的工艺品。它制作精致、式样美观、图案形象生动、色彩鲜明、对比强烈,具有浓郁的生活气息和鲜明的民族风格。绽放的山茶、飞舞的蝴蝶、开屏的孔雀、奔跑的小鹿、沉静的大象,都"跃"上了筒帕,充满生命活力,展示出基诺族人民的聪明才智和对美好生活的向往。

图片来源
图一至图五　乔宁宁　制图
图六　李思绮　制图

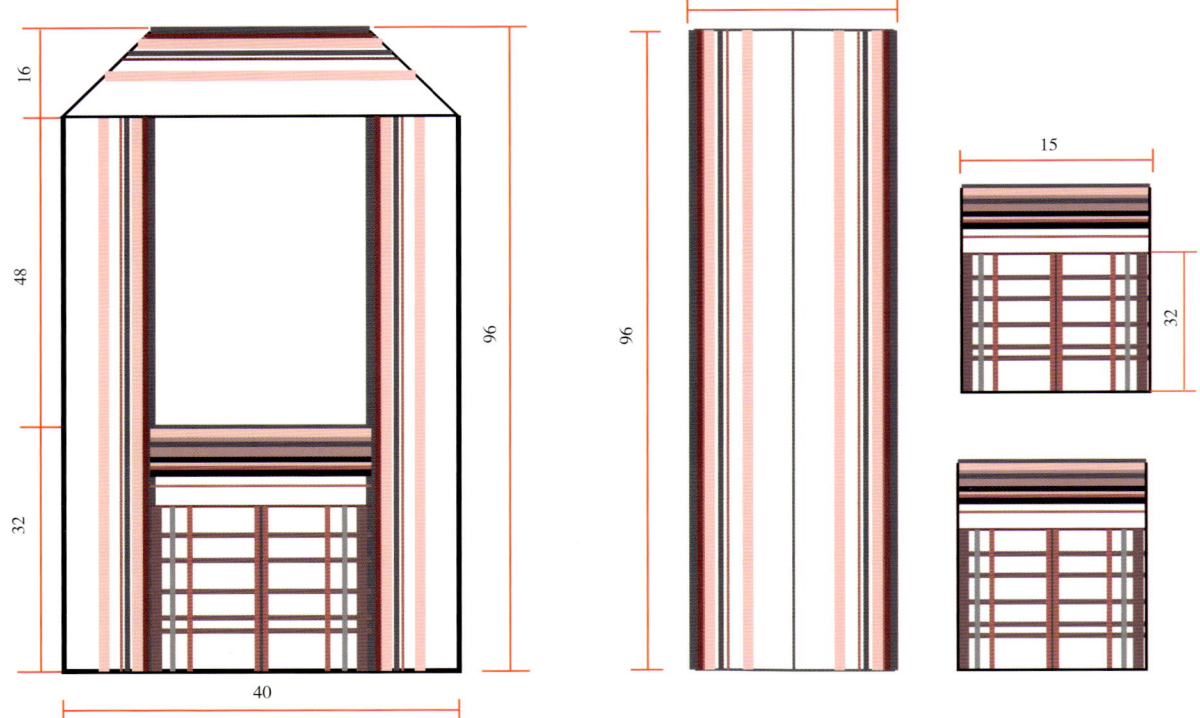

图二　基诺族筒帕尺寸图(单位:cm)

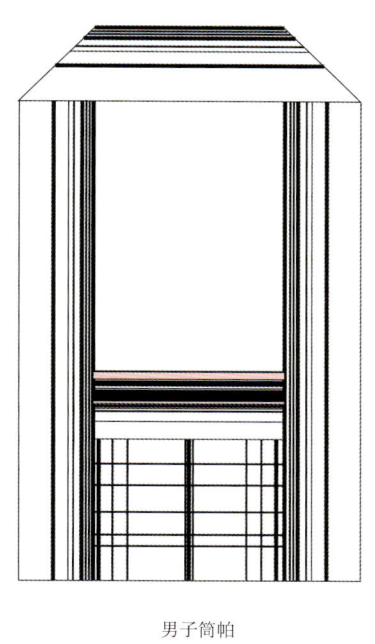
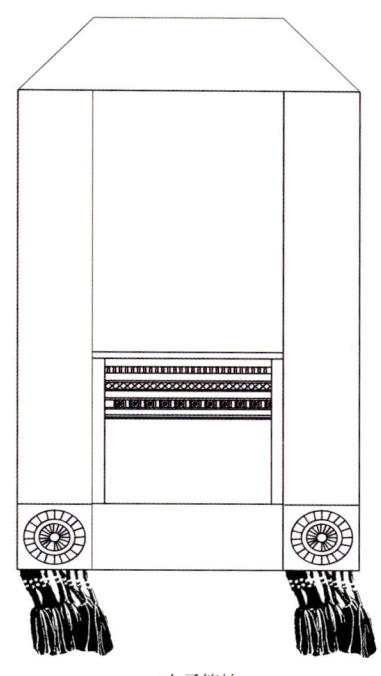

男子筒帕　　　　　　　　　　　　女子筒帕

图三　基诺族筒帕图案对比示意图

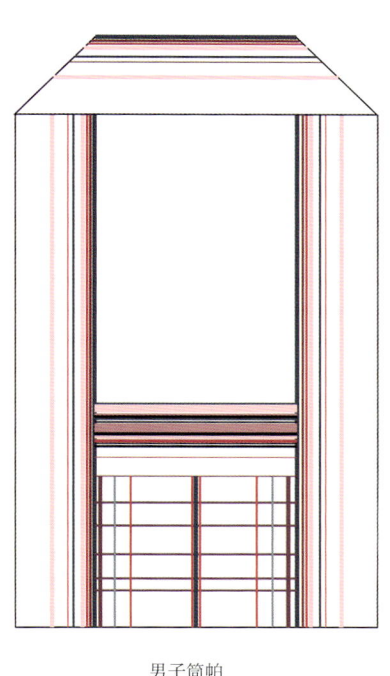
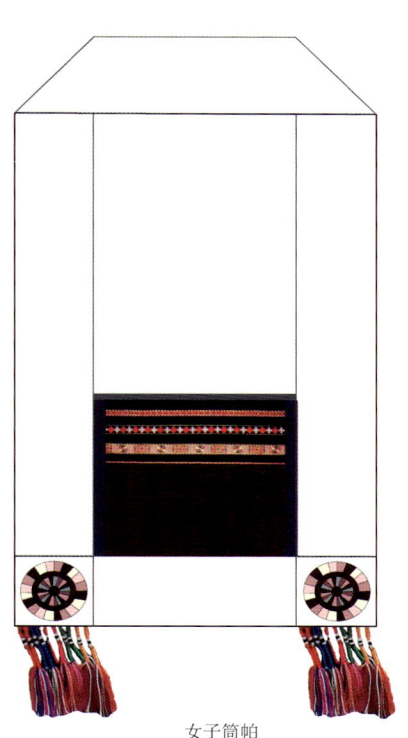

男子筒帕　　　　　　　　　　　　女子筒帕

图四　基诺族筒帕色彩对比示意图

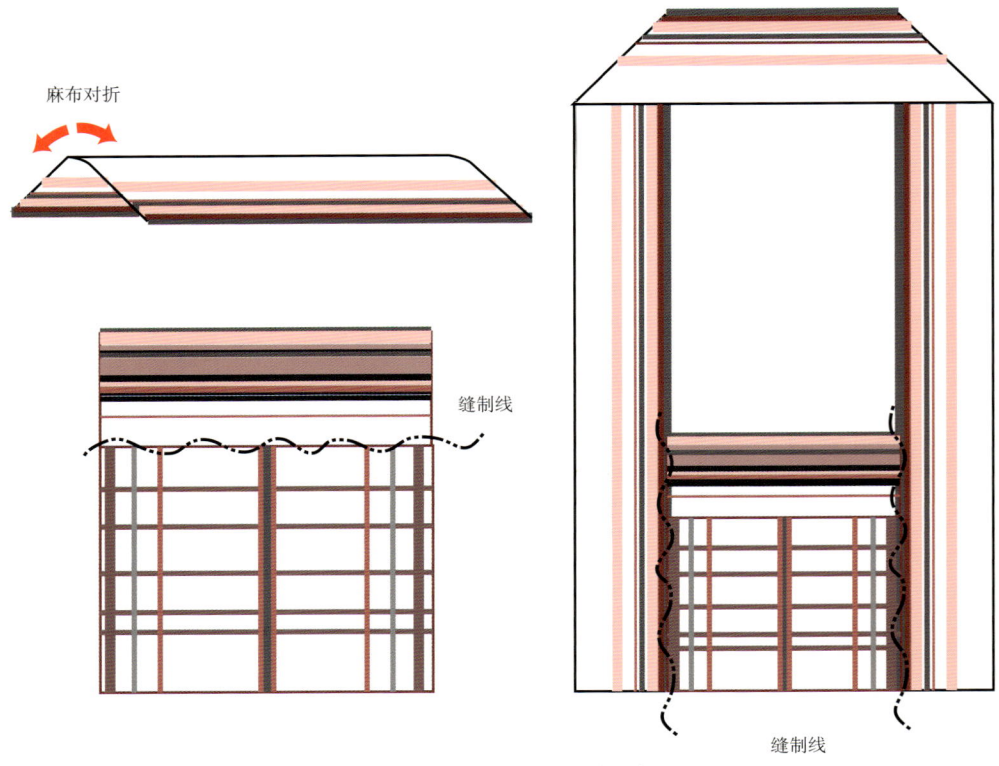

图五　基诺族筒帕制作细节解析图

图六　基诺族女子缝制筒帕情境图

基诺族竹木耳环

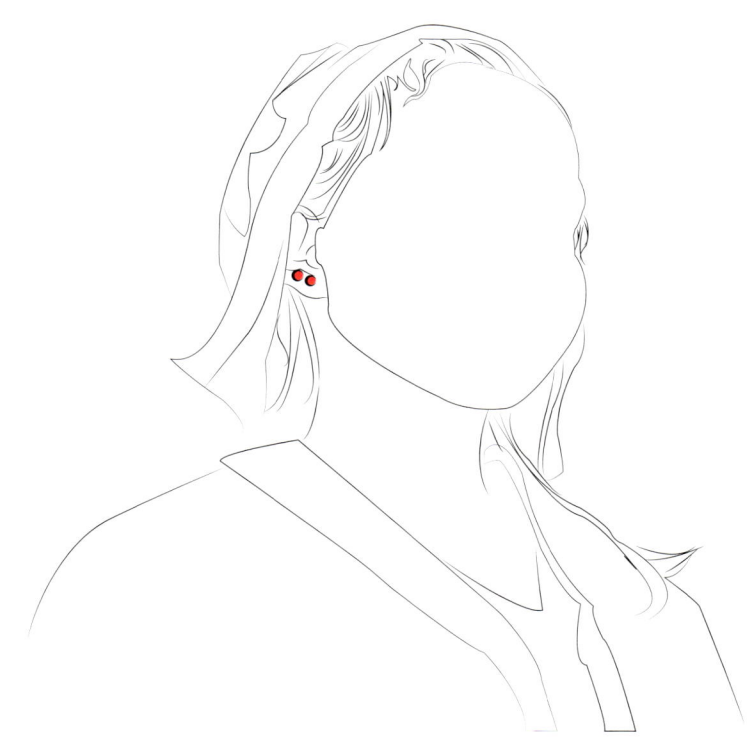

图一　基诺族竹木耳环主图1

过去，基诺族男女都穿耳，戴着竹木制或银制的刻有花纹的耳环。他们一般不是在耳垂上挂上一个粗大的耳环，而是多戴空心的软木塞或竹管，或是在耳环眼里塞上一个纸卷，很有民族特色。然而最引人注目的还是基诺族人的耳环眼，他们的耳环眼较大，初见时令人吃惊。原来，那眼孔的大小，是基诺族人勤劳与否的象征。通常基诺族人在七八岁时，便要在双耳上穿孔，内塞竹或木管，随着年龄的增长，耳塞由细到粗，耳孔也就逐渐扩大。一个人的耳环眼越大，就意味着他越勤劳、勇敢，就越得到人们的爱戴；反之，就是懒惰、懦弱。基诺山四季鲜花盛开，草叶繁茂。一般年轻人长到十五六岁，当他们的耳朵孔里插上芳香美丽的鲜花时，就标志着可以谈情说爱了。青年男女在恋爱时，喜欢互相赠送花束，插在对方的耳孔或耳环眼里，以此来表达爱慕之情。基诺族妇女们将采来的鲜花翠草插在耳塞的边侧或耳塞孔内做装饰，有的妇女为保持花草的鲜美，一天当中要更换数次。男子喜欢戴刻有花纹图案的木制或银制耳环，在耳环和耳孔上往往还喜欢插缀鲜花。基诺族人认为戴耳饰和包包头是成年人神圣和庄严的事情。

但并不是任何时候都可以为之，一旦父母和舅舅去世，就在一年内不得戴耳饰和包包头，否则将会被族人唾笑。

随着岁月的变迁，现在的基诺族人爱美之心依旧，但是年轻一代已不再将耳孔扩大。传统耳饰的素材可以为现代耳饰所用，比如将鲜花进行脱脂加工做成耳饰等。

图片来源

图一至图十　田炎梅　制图

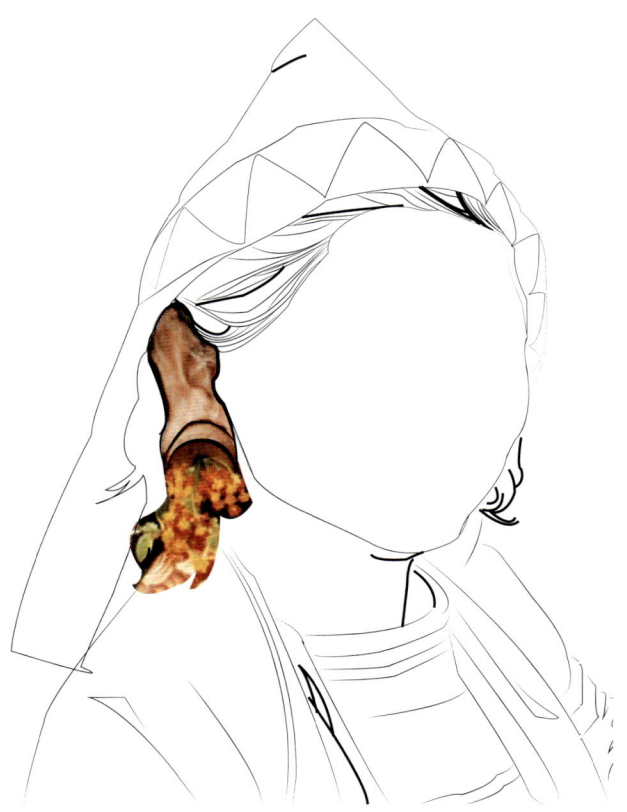

图二　基诺族竹木耳环主图2

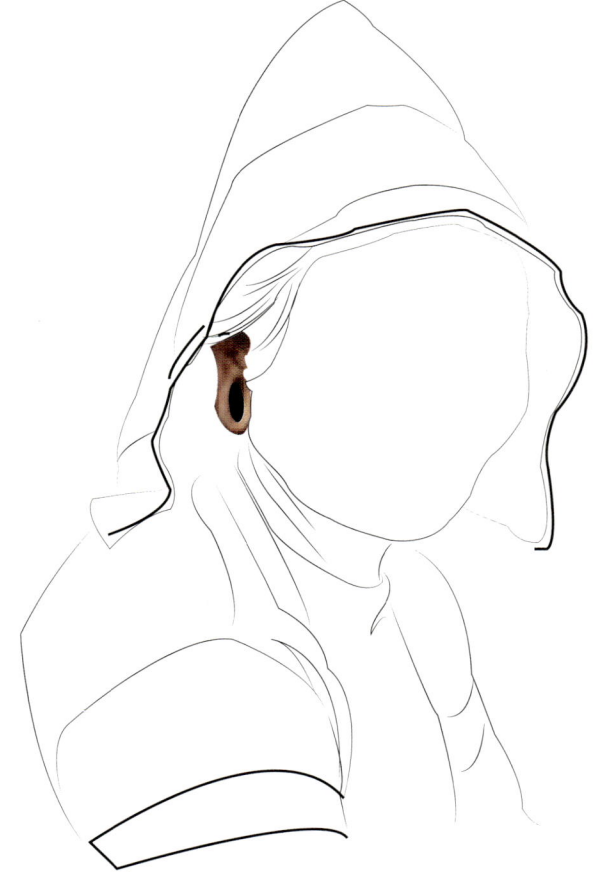

图三　基诺族竹木耳环主图3

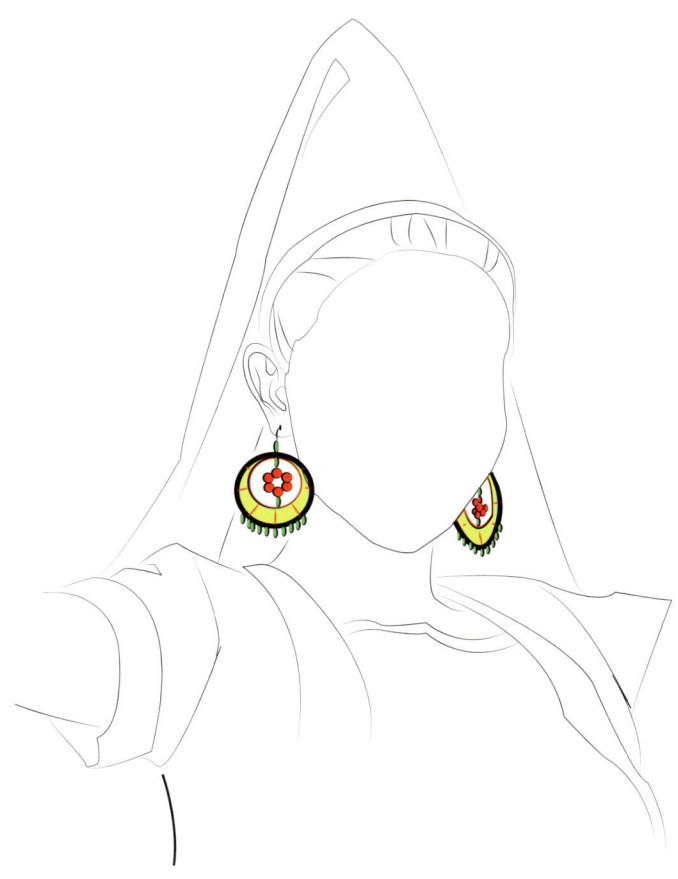

图四 基诺族竹木耳环主图4

图五 基诺族竹木耳环尺寸图（单位：cm）

第二章 基诺族传统服饰

青年人佩戴　　　　中年人佩戴　　　　　　　老年人佩戴

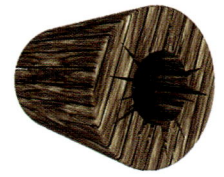
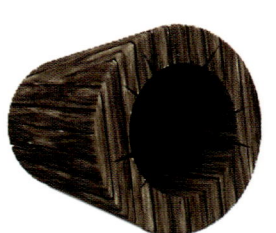

图六　基诺族竹木耳环穿戴区分示意图

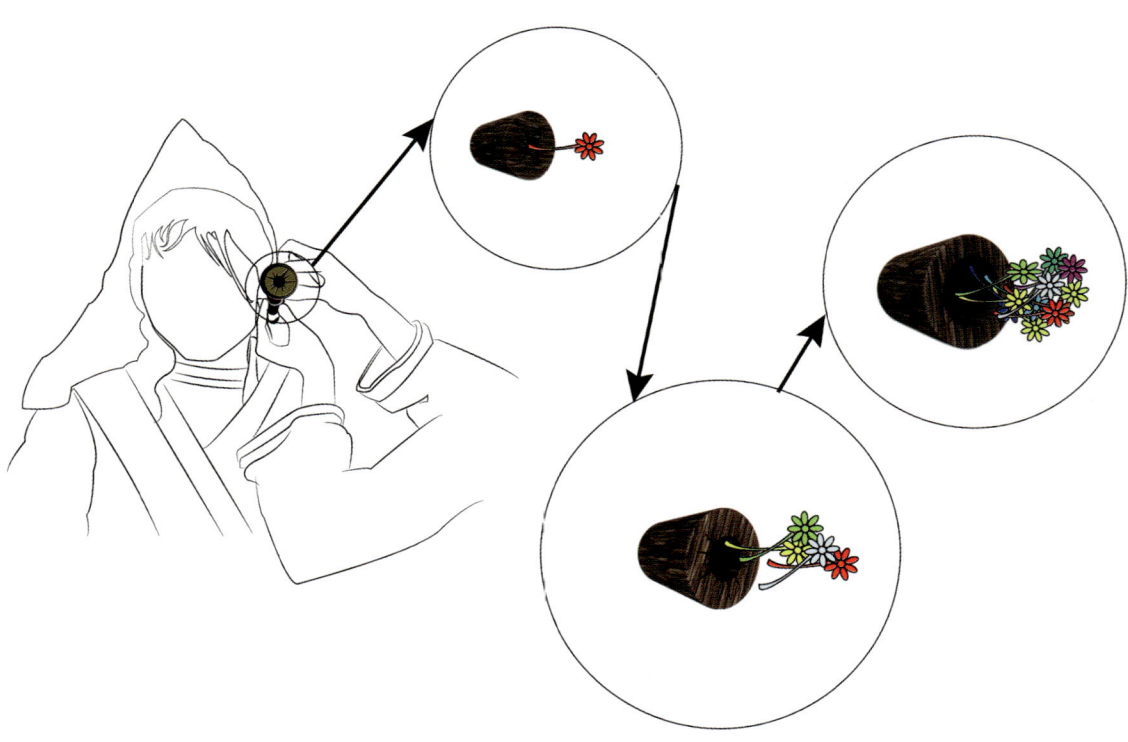

图七　基诺族竹木耳环穿戴大耳孔示意图

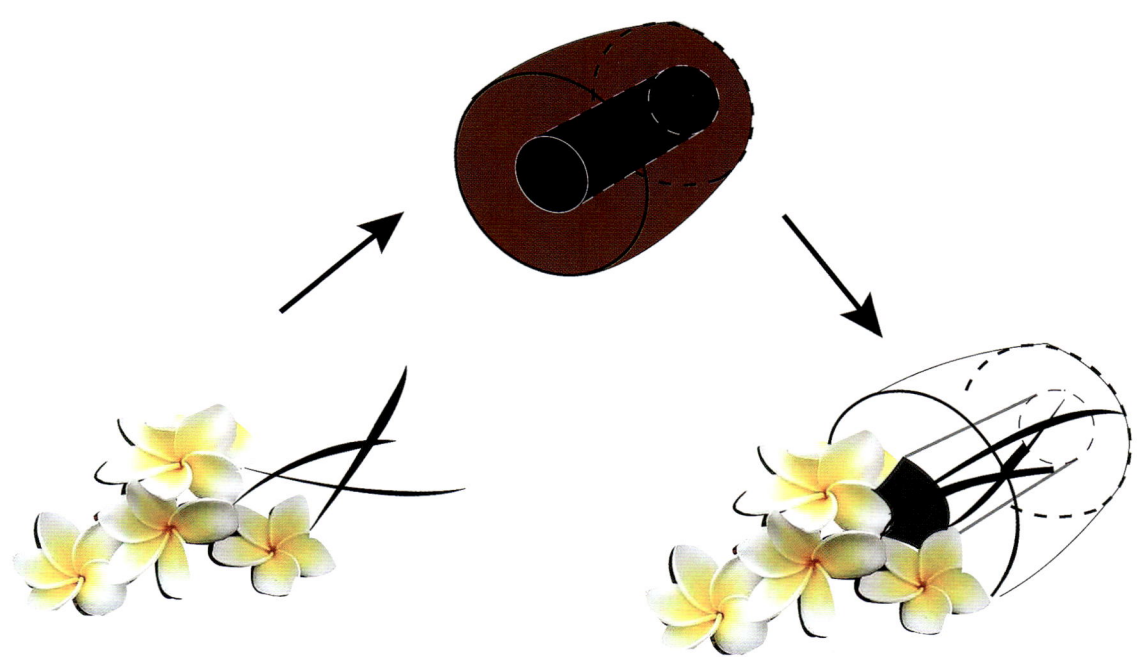

图八　基诺族竹木耳环穿戴方式示意图1

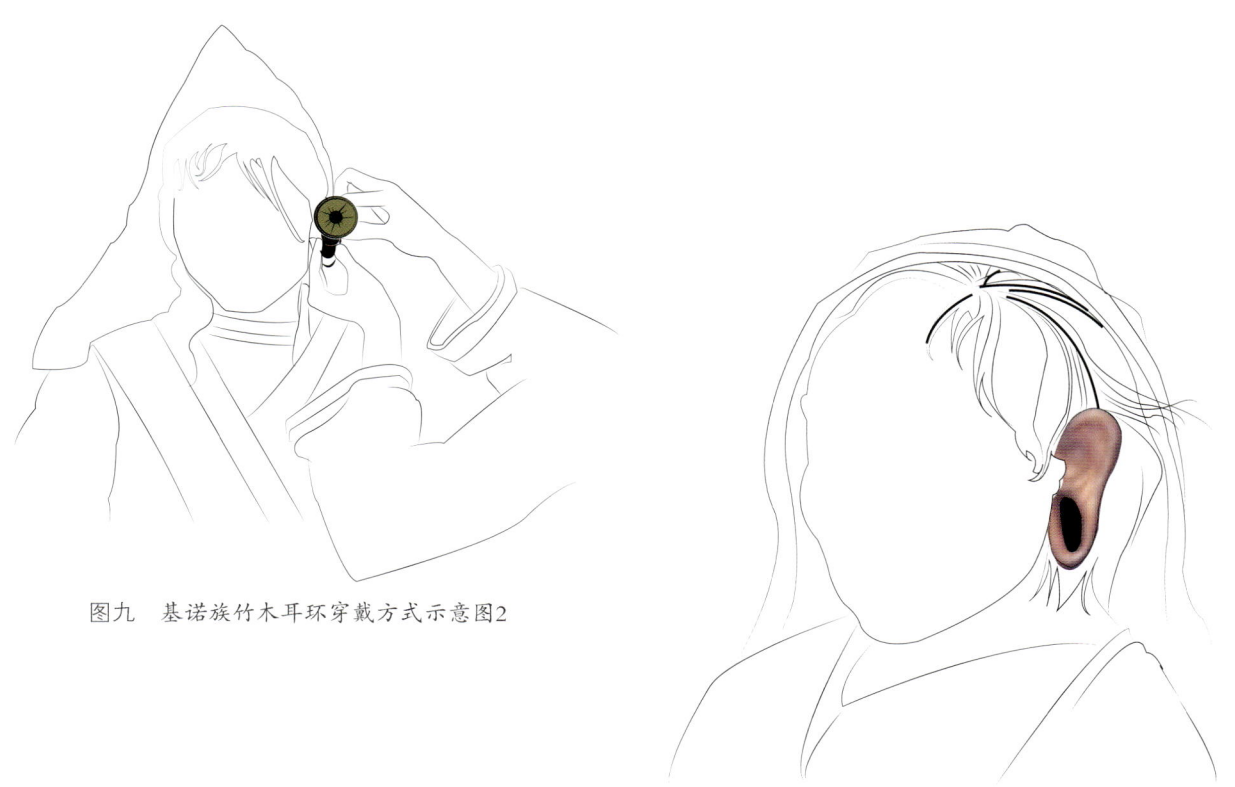

图九　基诺族竹木耳环穿戴方式示意图2

图十　基诺族竹木耳环穿戴方式示意图3

第二章　基诺族传统服饰

087

第三章 基诺族传统餐饮

基诺族剁生

图一　基诺族剁生主图

剁生是云南西双版纳一带少数民族的饮食习俗，也是基诺族人至今仍经常采用的一种饮食方式。在清朝乾隆时期的《石屏州志·卢鹿爨蛮》中有记载："切生肉杂野蔬与蒜食之，谓之剁生。"

最初制作剁生是为了让牙齿脱落的老人能吃上荤素搭配、营养丰富的食物。基诺族人主要是将猎获的兽类肉块剁成肉泥，使之不但味道鲜美，而且易于下咽，利于吸收营养，是一种孝敬老人的美味。

因为按照宗教习俗信仰，剁生是基诺族男子制作的最引以为豪的美味佳肴，所以基诺族的女人们是绝对不参与制作剁生的。后来在重大节日或红白喜事期间，基诺族人也要在家里准备剁生这道美食，否则就会被客人视为吝啬鬼，被人瞧不起。剁生也是基诺族人招待贵宾的菜肴，面对这道特殊的食品，贵宾们若能大口食用剁生，就会被基诺族人认为真诚而有勇气，将被看成挚友对待。早期剁生的原料是打猎获得的麂肉、野生草食动物、飞禽等，后来也采用家畜、家禽的肉。

在现代社会，虽然保留了以生肉为菜的遗俗，但与原始人类"茹毛饮血"不同的是，只是采用肉类生加工并拌菜而食，其外观似肉泥，而且混合了各色的调料野菜，食其口味鲜嫩。目前，基诺族人制作剁生，主要采用的是上等的牛肉、猪肉、鸡肉和鲜鱼类等。制作时，首先将鲜肉剁成碎末，然后将剁好的碎末拌上盐、辣椒末、葱蒜末、姜末、薄荷、韭菜等大量佐料以调味和压腥；最后，用手反复搅拌、揉捏均匀，直至肉泥呈白色，便可食用。制作好的剁生一般放置于瓷碗中，可以直接食用，也可以搭配其他菜肴或调料食用。食用剁生的同时，基诺族人还喜欢和客人一起饮酒助兴。

剁生是一种古老的食材制作方式，特别适合年老体弱之人食用，不仅易于咀嚼消化、增加营养，而且可以起到一定的增强体质的效果，现代社会中，在欧洲等地也有类似剁生的烹饪方法。这充分说明，这种食材加工技术，不仅是基诺族的特色制作技巧，而且具有人类共通的历史特征。而加入一些现代食材，又使剁生具有了与时俱进的时代气息。

图片来源
图一、图二、图四、图五　施魏祥　摄影
图三　施魏祥　制图

图二　基诺族剁生原料示意图

剁肉

剁碎 　　　　　　　　　　　搅拌

图三　基诺族剁生制作流程图

图四　基诺族人食用剁生情境图

图五　基诺族人招待贵宾剁生宴席实物图

第三章　基诺族传统餐饮

093

基诺族蚂蚁蛋

图一　基诺族蚂蚁蛋主图

基诺族人世代生活的广阔林区为他们提供了丰富的山珍野味资源，基诺族妇女在劳动之余经常采集森林中的可食之物，以补充生活所需。虽然现代生活中采集和使用这类食物的情况逐渐减少，但仍保留了一些特殊的食材和餐饮习惯。蚂蚁蛋就是一种鲜为人知的当地食物，虽然一般人可能难以置信，但是基诺族人却十分喜爱这种食物。

基诺族人居住的山区多蚂蚁，但这里的蚂蚁与其他地方的蚂蚁不同，大多是黄蚂蚁。黄蚂蚁身形细长，不是生活在地面或地下，而是栖息在树上。它们的蚁巢是用树叶牵连成的圆球形，称为蚂蚁包；蚂蚁就将蚁蛋生在悬挂在树上的口袋似的蚂蚁包里。这种蚂蚁包相对比较大，有的竟重达5公斤。每年农历三至五月间，是蚂蚁产蛋的季节。每到这个时候，基诺族人便要外出寻找这种蚂蚁包。找到囊包后，用刀砍开，其中的蚂蚁蛋一般有绿豆粒般大小，形似蜂儿，营养丰富。基诺族人将一粒粒洁白如玉、晶莹透亮的蚂蚁蛋取出烹食。蚂蚁蛋虽然好吃，但由于山高林密、数量不多，所以极为难得。基诺族人爬上树去取蛋时，也免不了要承受蚂蚁叮咬之苦，因而有"不是强者，休想吃到蚂蚁蛋"的说法。

基诺族人在采集蚂蚁蛋时，一般随身携带竹编的扁平箩筐，蚂蚁包砍开后，就用这种箩筐盛放其中的蚂蚁蛋。蚂蚁蛋不仅营养丰富、味道鲜美，而且将其放入口中咀嚼时，会发出清脆的"啪啪"声，口感非常特别。基诺族人将蚂蚁蛋除了放在火塘里烤熟后食用之外，主要还有三种食用方法：一是煮好后凉拌。即将蚂蚁蛋洗净，放在沸水里烫熟，然后加入葱、蒜、盐、醋、花椒面等调料，拌匀即可食用。二是用芭蕉叶蒸蚂蚁蛋。即将蚂蚁蛋洗净后，与葱、姜、蒜、青辣椒搅拌均匀，用当地盛产的芭蕉叶包好，蒸熟食用。三是做酸蚂蚁蛋汤。就是将采集的蚂蚁蛋去除杂质后洗净备用；然后，用竹筒(或锅)盛适量水煮沸，加入一些当地特有的有去腥增味作用的臭菜，再放入蚂蚁蛋、食盐和舂碎的辣椒，几分钟后即熟。酸蚂蚁蛋汤味道鲜辣可口，并有特殊的酸甜味，含有丰富的蛋白质，营养丰富，是基诺族人招待客人的佳肴。

在基诺族山寨，老人精神矍铄，高寿的人很多，这和其饮食习惯有着不可分离的关系。李时珍在《本草纲目》中将蚂蚁称为"玄驹"，古书中也有采集蚂蚁和蚁卵供皇帝祭祀宴会的记述。现代研究也认为，蚂蚁不仅是具有极高营养价值的食物，而且具有一定的保健作用。基诺族老人长寿者较多，说明这种原生态的、就地取材的饮食方式值得参考。

图片来源
图一、图四、图五、图六　田炎梅　摄影
图二、图三、图七　田炎梅　制图

图二　基诺族树上的蚂蚁包示意图

图三　基诺族树上的黄蚂蚁实景图

第三章　基诺族传统餐饮

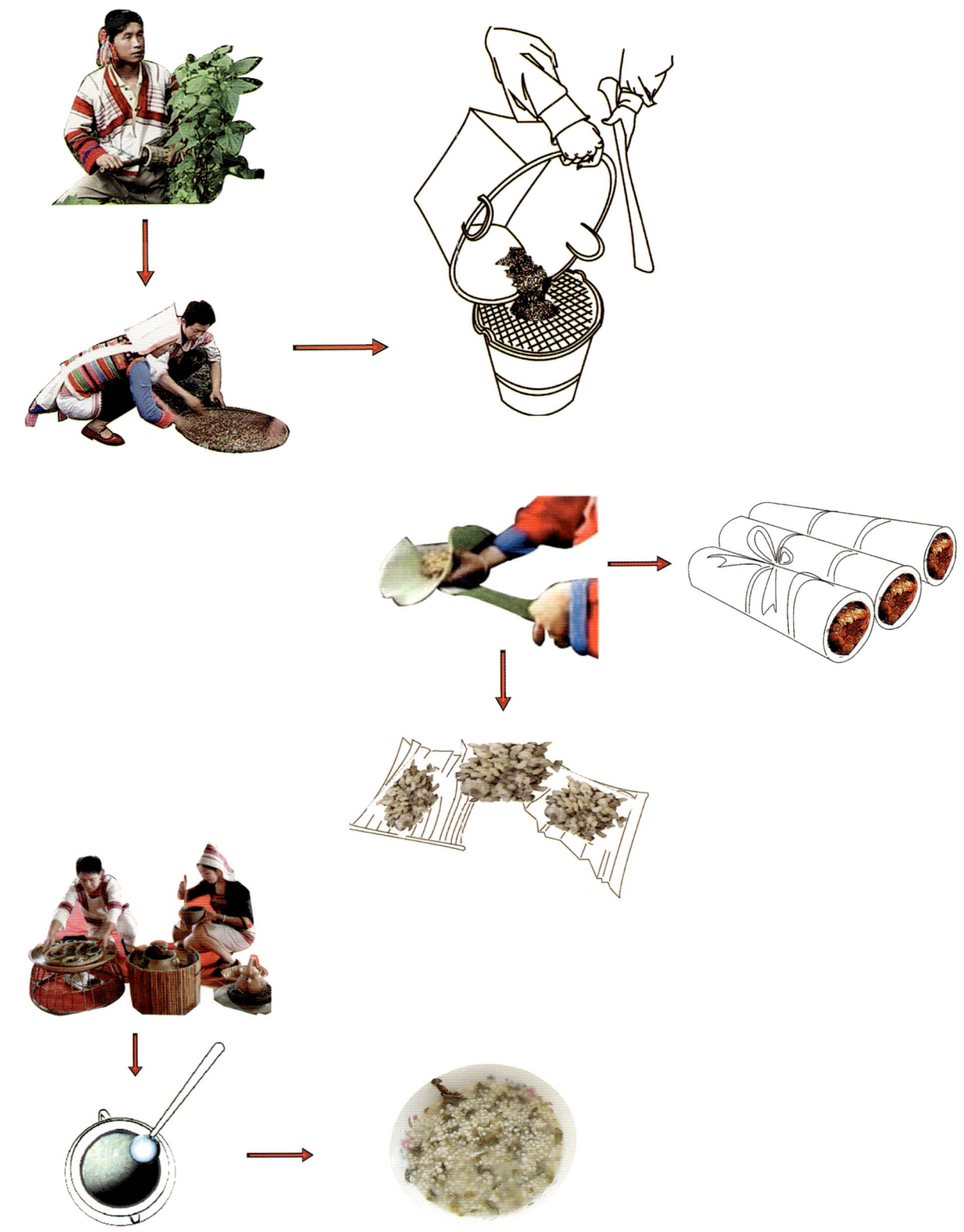

图四　基诺族蚂蚁蛋烹饪制作流程图

图五　基诺族人现场摘取蚂蚁蛋情境图

图六　基诺族人饮用蚂蚁蛋汤情境图

图七　基诺族人聚餐情境图

基诺族凉拌茶

图一　基诺族凉拌茶主图

基诺族人种植茶叶有悠久的传统，而食用凉拌茶是基诺族人特有的餐饮方式。

凉拌茶主料是揉软搓细的鲜嫩茶叶，而辅料主要为柠檬叶、大蒜、山八角、辣椒、食盐等调料。将处理过的茶叶放入碗内，再放入辅料，用生水或凉开水冲泡配拌后，即可食用，这是单纯的主料凉拌茶。主料凉拌茶一年四季皆可食用，其他季节则根据气候、原料的不同，又有多种食用方法。

在每年的2—4月，基诺族人经常食用的凉拌茶有：

嘎哩罗凉拌茶：在主料凉拌茶配制基础上，再放入舂碎的嘎哩罗果，冲泡后即成。

臭菜凉拌茶：主料、配料、制作方法与主料凉拌茶相同，不同点是加上用芭蕉叶包裹烧熟的臭菜，使凉拌茶伴有山野臭菜的独特异香。

鸟肉凉拌茶：将捕获的野鸟鸟肉烤熟，舂碎后放入碗中，随即放入揉细的鲜茶叶与常用辅料进行冲泡。用这种方法炮制的凉拌茶，味道更加丰富。

螃蟹凉拌茶：将生螃蟹烤熟，舂碎放到碗中，再添加茶叶及辅料配制冲泡而成。

杂拌凉拌茶：将烤熟的鲜肉、鸟肉和舂碎的嘎哩罗果与揉细的鲜茶叶放入碗中，用生水或凉开水冲泡配拌，放入柠檬叶、辣椒、大蒜、食盐配制冲泡而成，其味无穷。

随着季节的转换，基诺族人在4—11月

经常制作食用其他的凉拌茶，例如：

酸蚂蚁蛋凉拌茶：先将揉细的鲜嫩茶叶放入碗内，随即放入新鲜饱满的蚂蚁蛋与常用配料，用生水或凉开水冲拌而成。

生甜笋凉拌茶：把生甜笋去皮舂细后放入碗中，再加入茶叶和辅料拌和即成。

熟甜笋凉拌茶：先把甜笋去皮煮熟，再舂细后放入碗中，同样加入茶叶、辅料和适当凉水拌和而成。

白参凉拌茶：白参可以凉拌，也可以熟拌。熟拌法如上述熟甜笋凉拌茶法制作；生白参凉拌茶的做法与生甜笋凉拌茶相同。

蘑菇凉拌茶：先把蘑菇烤熟舂细，与揉细的鲜嫩茶叶放入碗内，加辅料拌制而成。

野兽干巴凉拌茶：先把野兽干巴烤熟舂细，与揉细的鲜嫩茶叶放入碗内，加入辅料，最后拌水即可。

凉拌茶拼盘（百衲凉拌茶）：用以上各种主料与茶叶、辅料混合配拌，再加水而成的凉拌茶拼盘，是凉拌茶的极品。这种凉拌茶混合了多种原料，味道极其特别。但也正是由于所需材料太多，基诺族人制作和食用的次数极少，一生难有几回。

基诺族人在与环境的共生中，结合当地气候和独特物产，利用大自然提供的时鲜菜肴或肉类，配制出各种凉拌茶系列，不但滋味独具特色，而且常常具有清湿解毒、开胃健身之功效。这充分说明了基诺族人善于物尽其用、与自然和谐共生的生存法则。而研究、开发这些凉拌茶系列，可作为当地特色食品，供游客品尝。

图片来源
图一、图四　李思绮　摄影
图二、图三、图五至图七　田炎梅　制图

图二　基诺族嘎哩罗凉拌茶示意图

图三　基诺族嘎哩罗凉拌茶示意图

图四 基诺族臭菜凉拌茶示意图

 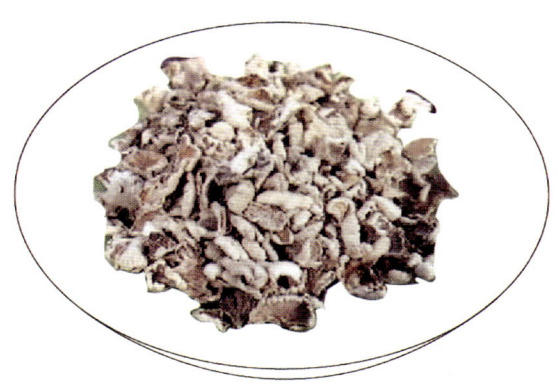

图五 基诺族酸蚂蚁蛋凉拌茶示意图　　　　图六 基诺族蘑菇凉拌茶示意图

图七　基诺族凉拌茶制作流程图

基诺族老叶茶

图一　基诺族老叶茶主图

基诺族茶文化的渊源深厚，在基诺族的史诗传说中，一对兄妹得到创世女神"阿摸尧白"的指点，带着茶籽、棉籽等躲进大鼓内，辗转来到攸乐山，兄妹种茶植棉繁育后代，慢慢形成了今天的基诺族。这个传说也反映出基诺族与茶叶悠久和密切的关系。

基诺语称茶为"啦博"，其意是赖以生存的芽叶。基诺山是出产著名的普洱茶的六大茶山之一，古老的茶林已有数百年的历史，是原始茶文化系列的发源地之一。

在茶叶的食用方法上，基诺族人主要采用煮茶和凉拌茶两种方式。煮茶又分包烧茶和炒老茶两种。基诺族人很喜好饮用"啦卡"，"啦卡"即老茶。老叶茶的主要原料是茶树上的老叶。通常采茶只摘取嫩芽，各季茶叶采摘结束后，树上老叶一般无人问津，因为如果直接将老叶放入口中食用，其苦味相当重，所以采了也没有人要。可是基诺族人巧妙地通过炒茶的方式，把老叶茶重新利用起来。即先用手将摘取好的老叶片搓揉成碎片，然后将老叶片放入热铁锅中翻炒，并稍焖片刻，待叶片半干甚至部分焦黄后再倒入竹编簸箕中，放凉后装入竹箩或陶罐中备用。饮用老叶茶时，将水煮沸，随即取出适量已经过加工的茶叶，投入沸水中，煮10分钟左右，当茶汤色浓重时，即可将茶水注入竹筒，供人饮用。经过锅炒和烹煮后的茶汤呈深红色，苦中带着微香，滋味醇和，并且冷却后不变味。基诺族人喜爱饮老叶茶，特别是节庆、婚宴时，都要饮用老叶茶。颜色深红浓重、味道香醇的茶水增添了许多喜庆的气氛，不仅是基诺族人，就连到访的宾客也为此而陶醉。

　　基诺族人饮老叶茶的茶具也很特别，一类是盛装茶水的大竹筒，竹筒两端带节，上端削一个斜口，节上留一短枝作提手，并在竹节上打一个直径为3厘米左右的洞；另一类是饮茶水的小竹筒，类似茶杯，也削一个斜口。待锅中的老叶茶煮好后，先用水瓢将锅中的茶水倒入大竹筒中，再提着大竹筒给客人面前的小竹筒中注入茶水。

　　基诺族人喜食老叶茶的这一习惯，和当

用手将老叶片搓揉成碎片

将老叶片放入热铁锅中翻炒，并稍焖片刻

待叶片半干焦黄后倒入竹编簸箕中，放凉后装入竹箩或陶罐中备用

图二　基诺族老叶茶制作流程图

地的自然条件以及当地的造物水平是密切相关的。老叶茶虽苦，却能够起到很好的败火和去湿的作用，在湿度相对较大的基诺族聚居区，有很好的保健作用。除此之外，老叶茶中所含的一些营养元素有一定的防病治病效果，所以，这既经济又保健的老叶茶，折射出了基诺族人的聪慧和创造力。

图片来源
图一　谢海波　摄影
图二至图六　谢海波　制图
图七　李思绮　制图

图三　基诺族老叶茶茶具示意图

图四　基诺族老叶茶茶具大竹筒尺寸图（单位：cm）

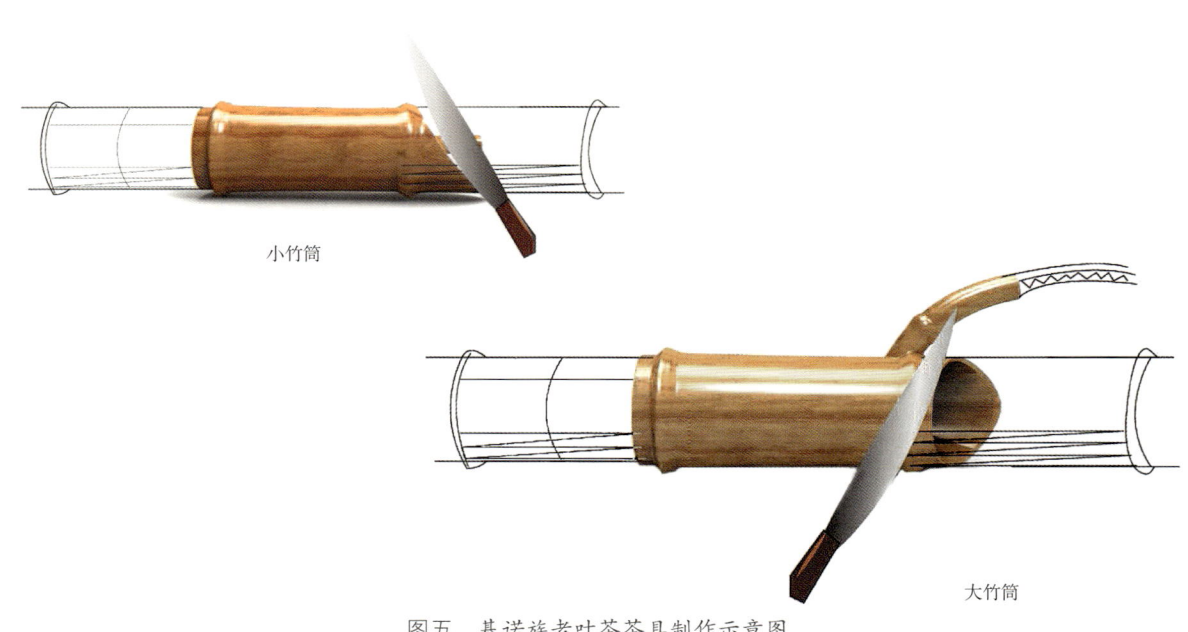

小竹筒

大竹筒

图五　基诺族老叶茶茶具制作示意图

图六 基诺族老叶茶茶具使用方法解析图

图七 基诺族人摘取老叶茶情境图

基诺族芭蕉叶肉包

图一　基诺族芭蕉叶肉包主图

基诺族人对芭蕉树情有独钟，他们生食或熟食其果，或以茎、花作料，烹制各种美味佳肴。芭蕉叶肉包，俗称"包烧"，即是一个利用芭蕉叶烹调美食的例子。其味道清香鲜辣，酥嫩可口，既有芭蕉叶的清香，又有各种调料浓郁的辛香，是基诺族人宴席上的必备菜肴。

基诺族人制作芭蕉叶肉包的方法是：先将猪肉洗净，剁成泥，盛放在碗里。将山八角炒香，将其舂成细粉。酸桔叶洗净，剁碎。然后把猪血旺、山八角粉、酸桔叶末、辣椒面、盐等，放入肉泥内拌匀，腌渍半小时即成猪肉泥。然后再取芭蕉叶一片，裁去尖和柄，放在火上烘软，均分成3块，洗净，合三为一铺平，把猪肉泥摊平成方块放在叶中央，先左后右，从上而下折拢包紧，埋入火塘的子母灶内，待捂熟后取出，去掉烧焦和带灰的芭蕉叶，然后食用肉泥。由于水分没有散失，肉泥不仅鲜嫩，而且吸收了芭蕉叶的清香味，十分可口。

现在，基诺族人对此菜有一些改良。例如，除了用传统的猪肉，还可以选用牛肉等主料配以捣碎成泥的佐料，用新鲜的芭蕉叶包成小包，再用细竹丝串成一串后蒸熟。这样的芭蕉叶肉包鲜辣适中，肉更细嫩，味道不仅清香鲜美，更多样化，老少皆宜。

图片来源
　图一　田炎梅　摄影
　图二至图五　田炎梅　摄影、制图

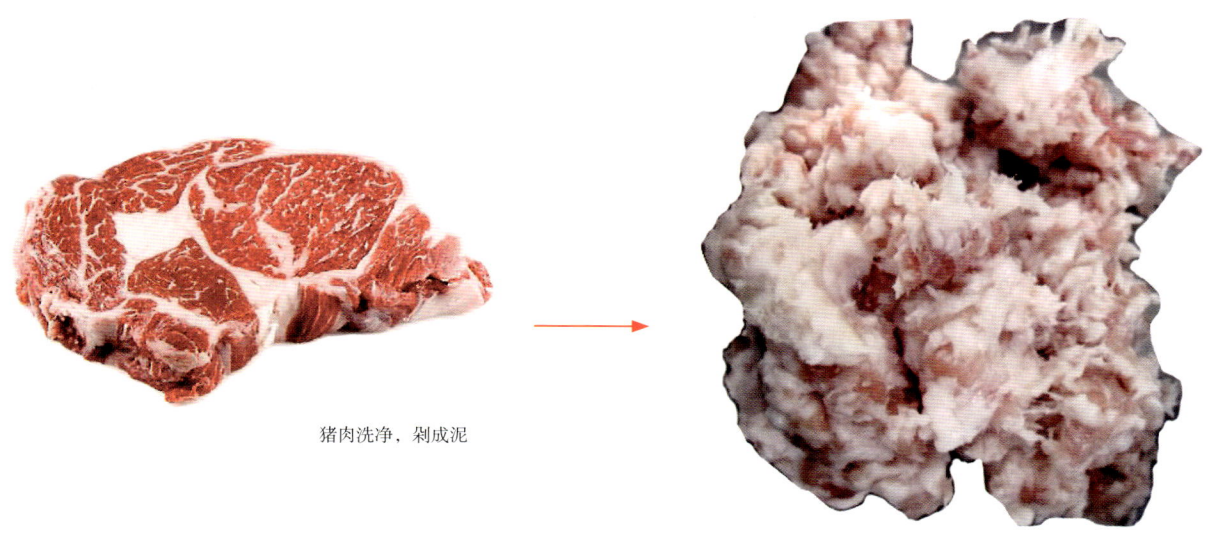

猪肉洗净，剁成泥

将山八角炒香，用蒜臼舂冲成粉。酸桔叶洗净，剁碎。把猪血旺、山八角粉、酸桔叶末、辣椒面、盐放入肉泥碗内拌匀，腌渍半小时即成猪肉泥

图二　基诺族芭蕉叶肉包制作流程图1

第三章　基诺族传统餐饮

取芭蕉叶一片，裁去尖和柄，放在火上烘软，均分成3块，洗净，合三为一铺平

图三　基诺族芭蕉叶肉包制作流程图2

把猪肉泥摊平成方块放在叶中央，先左后右，再从上而下折拢包紧

图四　基诺族芭蕉叶肉包制作流程图3

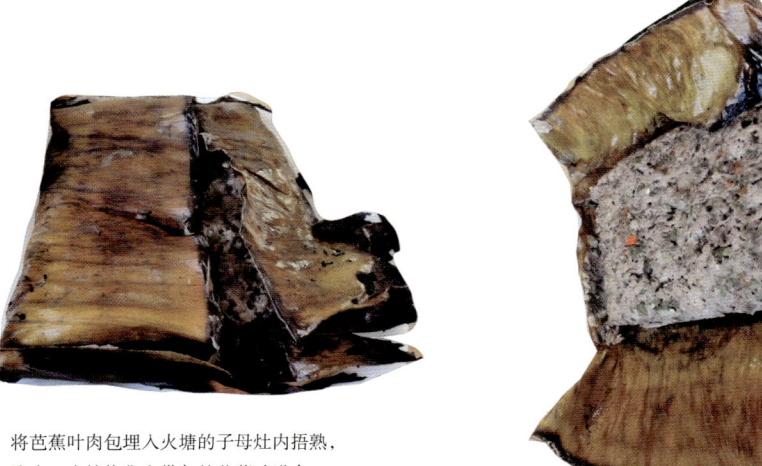

将芭蕉叶肉包埋入火塘的子母灶内捂熟，取出，去掉烧焦和带灰的芭蕉叶进食

图五　基诺族芭蕉叶肉包制作流程图4

基诺族酸腌鱼

图一　基诺族酸腌鱼主图

根据原料的特点，基诺族人除了生食、炒、煮、烤等方法外，还总结出了一套家常菜的制作方法，并具有自己民族独特的口味嗜好。基诺族人口味好酸辣咸鲜，尤其喜好酸味的发酵食物。

酸腌鱼就是基诺族人喜爱的一道佳肴，也充分体现了其民族口味特色。腌鱼前，先用清水将鱼洗净、去鳞、清除内脏和鱼头，若鱼身比较大，则改切成小块，以便调料能腌渍入味。然后用熟米饭、辣椒粉、香茅及盐巴等调料和鱼拌匀，装入有清香气息的新鲜竹筒里，并用手按实，最后用芭蕉叶蒙在竹筒口，扎紧封严，腌制半个月左右。经过自然发酵，鱼块甜、酸、辣三味兼备，此时打开密封的竹筒口香气溢出，随吃随拿。烹调酸腌鱼时，起热油锅，放入鱼块，翻炒五分钟后即可食用。另外，酸腌鱼不仅可以热食，还可以凉食。基诺族人待客时常常将带有竹筒清香的鱼肉直接放置在翠绿色的芭蕉叶上，色、鲜、嫩、香俱全，吃起来非常美味可口。

基诺族人制作的酸腌鱼的特殊酸味不同于勾兑食物的酸味，而是有自然的鲜香醇美，食用时不但可口，而且有开胃、消暑解热之功效。吃法也多种多样，可以生吃，亦可烘烤油炸，不同吃法就有不同感受，是佐饭佳肴。这种有营养的特色菜，制作成真空包装的特色食品，不仅可以丰富我们的餐桌，亦可成为旅行游玩中的便携小食品。

图片来源
图一　李思绮　制图
图二至图五　田炎梅　制图

准备洗净的鱼

去鳞

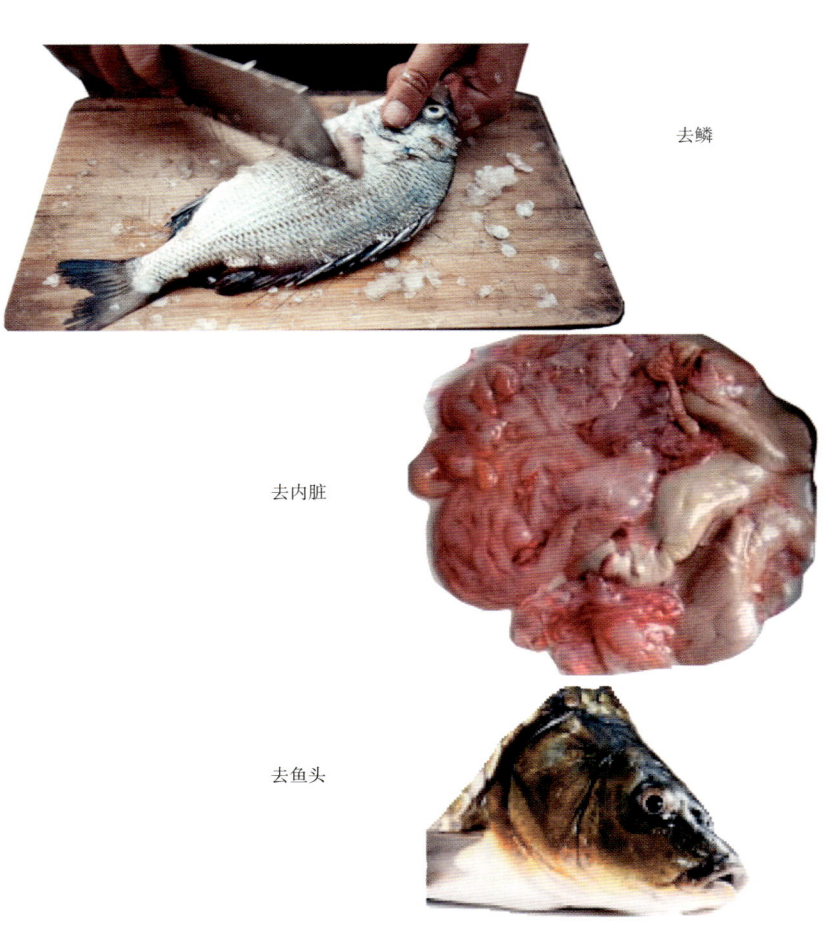

去内脏

去鱼头

图二　基诺族酸腌鱼制作流程图1

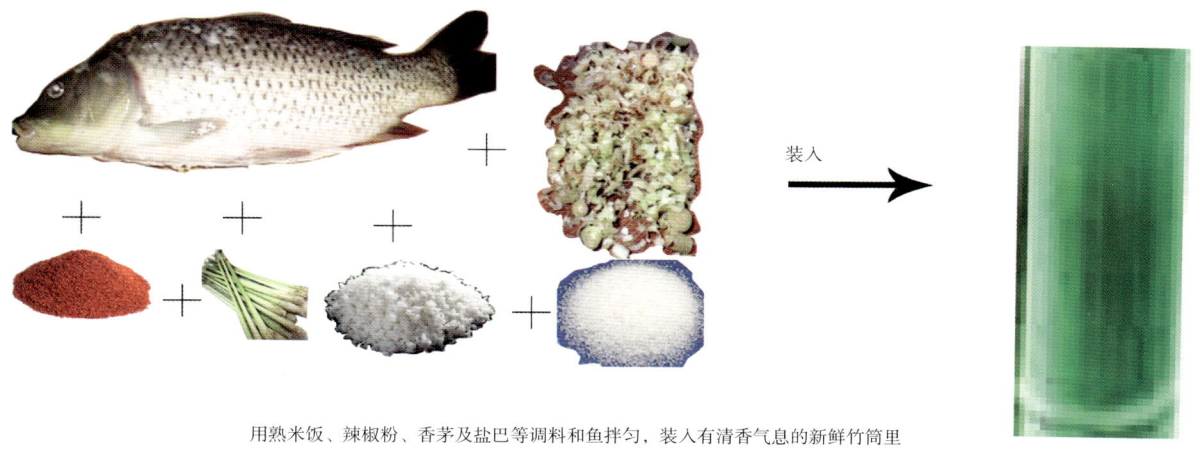

用熟米饭、辣椒粉、香茅及盐巴等调料和鱼拌匀，装入有清香气息的新鲜竹筒里

图三　基诺族酸腌鱼制作流程图2

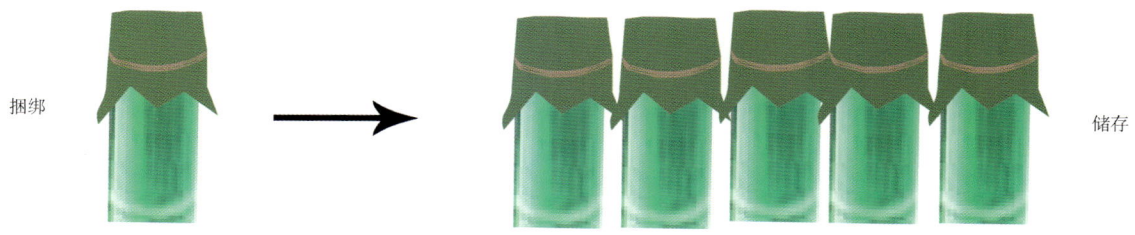

用手按实竹筒，用芭蕉叶蒙在竹筒口，扎紧封严

图四　基诺族酸腌鱼制作流程图3

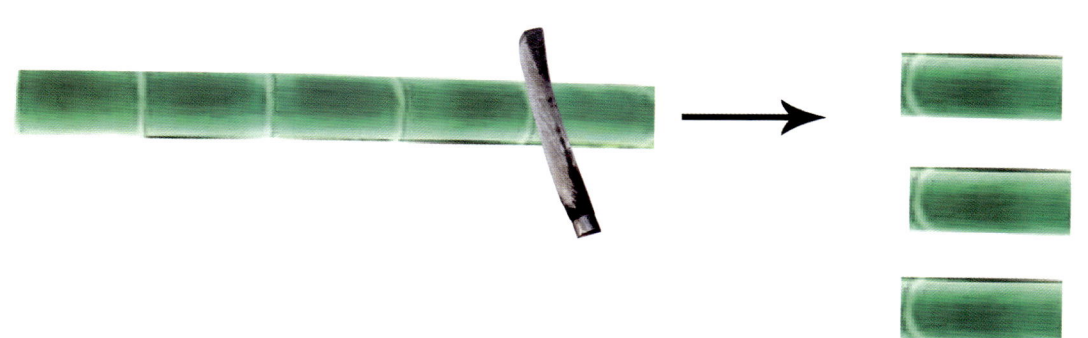

图五　基诺族酸腌鱼竹筒制作示意图

基诺族烤酒

图一　基诺族烤酒主图

基诺族人有不可一日无酒的说法。他们所饮用的酒大都是自己家用大米或玉米酿制的。在酿制过程中，通常要加一些锁梅叶等植物，酒呈浅绿色，并带有一种植物的自然香味，据说有健脾强身的功效。

基诺族烤酒大多采用陈仓米酿造。将陈仓米或者玉米先进行晾晒，后装入麻袋中进行发酵。将发酵好的谷物倒入蒸馏木桶中，在灶台上用大火进行蒸馏，用陶罐对蒸馏的酒水进行收集。基诺族的烤酒就制作完成了。

图片来源
图一至图三　李迪　摄影

晒玉米

将玉米装袋进行发酵

装发酵好的玉米导入桶中

蒸馏

图二 基诺族烤酒制作流程图

图三 基诺族烤酒之装酒工具实物图

第四章 基诺族传统生活用具

基诺族竹制水杯

图一　基诺族竹制水杯主图

基诺族的饮水器具一般采用竹子为原料，均就地取材，制作简单，使用方便。基诺族人的竹制水杯一般采用较粗大的、竹节长度在40厘米左右的毛竹筒制作，筒径一般为10~15厘米，水杯总高40厘米左右。一种水杯形状和制作比较简单，将竹筒的一端竹节保留作为杯底，杯壁即竹筒壁，高度一般为20~30厘米，顶部直接削磨平整即可使用。另一种水杯仍保留竹筒一端竹节作为杯底，在距离底部30厘米左右的高度上，将筒壁向上修削成45°左右斜口，再将顶部剩余部分的筒壁切削呈水平状，最后将边缘打磨平滑即可。

基诺族人常把这种水杯放在火塘上熏烤，因此水杯常为暗黑色。这种做法一方面可以延长水杯的使用寿命，另一方面也可以起到消毒杀菌的作用。基诺族人需要喝水时，将水杯放置在房内的桌子上，手持锅具或水桶将水或茶注入杯中，然后将水杯端起，嘴靠近顶部水平部分逐步倾斜水杯，水即可流入口中喝下。

上述两种水杯各有优缺点。第一种制作方法简单，只需砍下毛竹截断即可，但由于水杯深度较大，如果盛水量较少，喝水时就必须将水杯大角度倾斜，以至杯口几乎全部扣在面部，容易导致鼻部也被捂住，呼吸不太方便，水的流出量也不易控制。第二种水杯虽然形状有所变化，制作稍微复杂，但正是这种形状的变化使第一种水杯喝水的弊端得以消除：因为用这种杯子喝水时，切削形成的斜面有利于空气进入水杯，使水更容易顺着杯壁较长的一边集中流淌而下进入口中，又可以避免水杯倾斜较大时杯口扣住鼻部的尴尬，使用更为方便舒适，而且这种形状使水杯看起来更加修长轻巧。

基诺族人也常常用这种水杯盛放茶水招

待客人,这时,主人先将煮制好的茶水,放入手持式单节水桶中,然后按照客人的人数将水杯排放在桌上,主人一手抓握水桶把手,另一手端住水桶底部将其倾斜,将茶水注入杯中。需要注意的是,主人一般将茶水大致平均地分配至各水杯,体现出对每位客人的公平和尊重。然后,主人双手持杯,依次将水杯送到客人手中或放于客人面前的桌上,便于客人饮用。这种方式类似于现代的敬茶方式。

基诺族人的水杯目前仍是使用广泛的生活器具之一,其制作材料易于获得,制作方法简单。但其构造巧妙,上端斜口式处理既便于倾倒,又使造型轻盈美观。这些构造方式在现代水具设计中具有较好的借鉴价值。

图片来源
图一至图三　田炎梅　摄影
图二、图四　田炎梅　制图

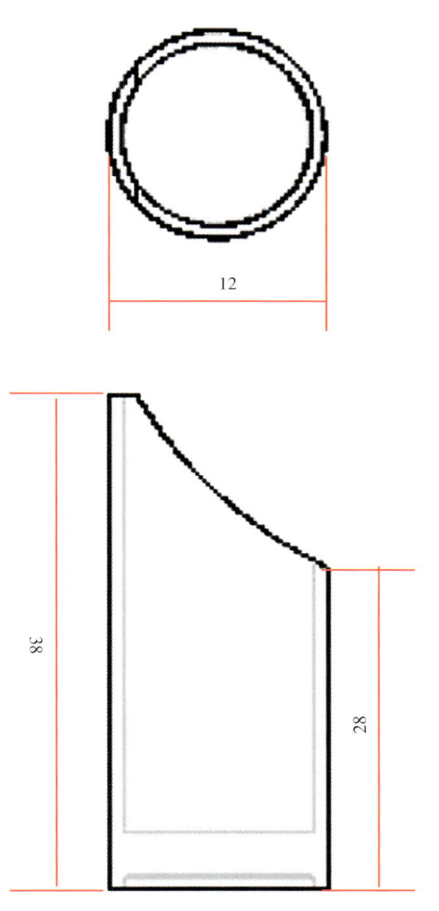

图二　基诺族竹制水杯尺寸图(单位:cm)

图三　基诺族竹制水杯实物剖面图

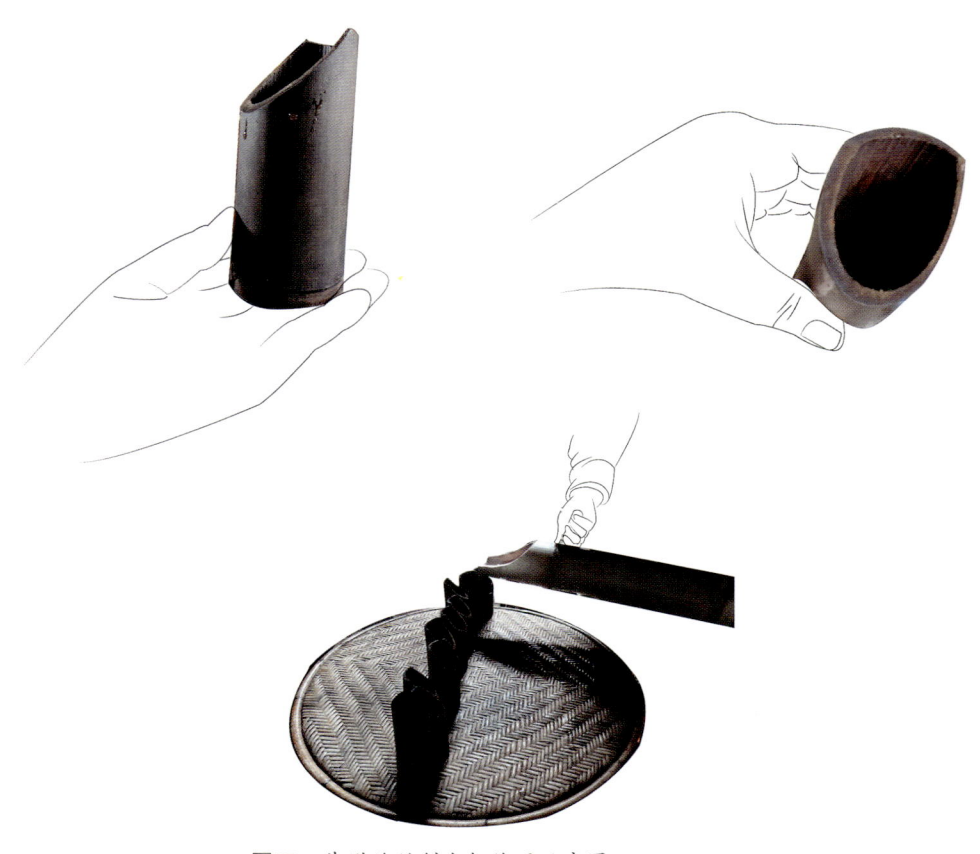

图四　基诺族竹制水杯使用示意图

基诺族竹节水桶

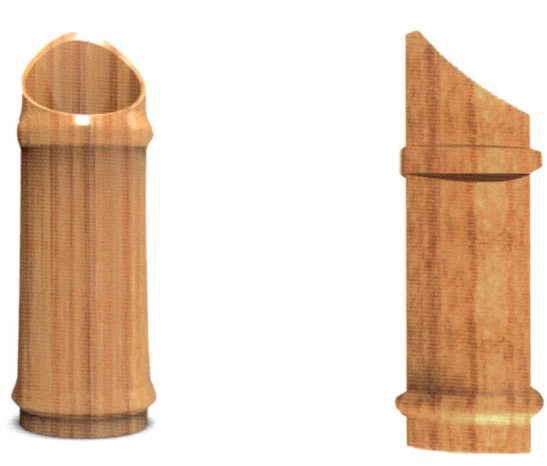

图一　基诺族竹节水桶主图

基诺族的生活器具十分多样，一般均就地取材，制作简单但使用方便，竹节水桶便是其中之一。

基诺族人的水桶分单节式和多节式两种。由于基诺族聚居区盛产毛竹，所以材料来源十分丰富。单节式水桶一般采用较粗大的、竹节长度在30厘米左右的毛竹筒制作，筒径一般为10~15厘米。水桶总高40厘米左右，两端均保留竹节，其上端竹节的上部留5厘米高度筒壁，然后向上修削成斜口，方便倒水时水流连续集中；并在上端竹节长端近筒壁处开直径3~5厘米的小孔，用于注水和倒水。另外，有时在上端竹节处保留约15厘米长度的竹枝，以方便抓握水桶时保持稳定。

单节式水桶盛水使用时，一般用水勺通过小孔向内注水；需要倒水时，则倾斜水桶，水因为重力自然从小孔中流出，并顺着筒壁较长的一边集中流淌而下。

多节式水桶与单节式水桶的区别在于竹节的数量，一般取2~3个竹节，中间竹节贯通以方便盛水，上端竹节开孔及斜口做法与单节式相同。

这种竹节水桶既可以在室内使用，也可以外出携带。单节式竹筒盛水量少，常常将多个水桶放入竹篓中，背负外出，亦可以单个随身携带。而多节式水桶因为尺寸较大、盛水后较重，一般只将单个水桶背在肩膀上，携带外出。

竹节水桶目前仍是基诺族人使用广泛的生活器具之一，其制作材料易于获得，制作方法简单。但是其构造巧妙：上端竹节只留小孔，虽注水时稍慢，但由于孔直径较小，即使摇晃水桶，水也不易溢出泼洒，便于携带；另外，上端斜口式处理使水桶既便于倾倒，造型又轻盈美观。这些构造方式在现代水具设计中具有较好的借鉴价值。

图片来源
图一至图五　田炎梅　制图

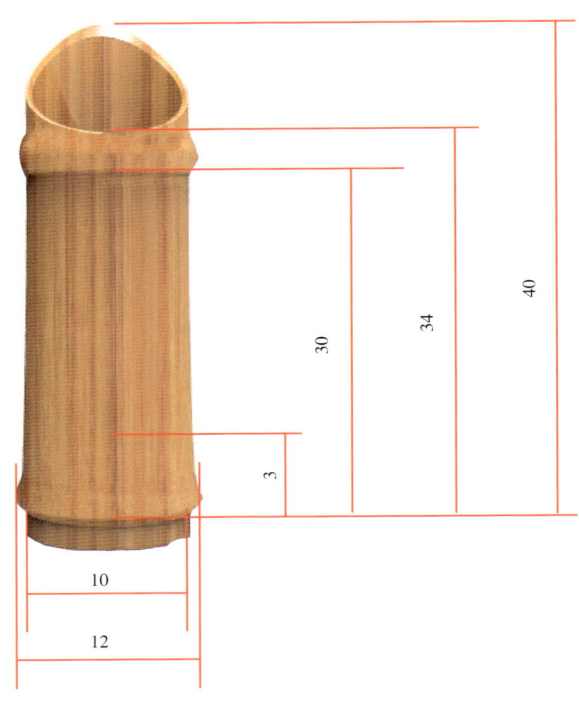

图二 基诺族竹节水桶尺寸图（单位：cm）

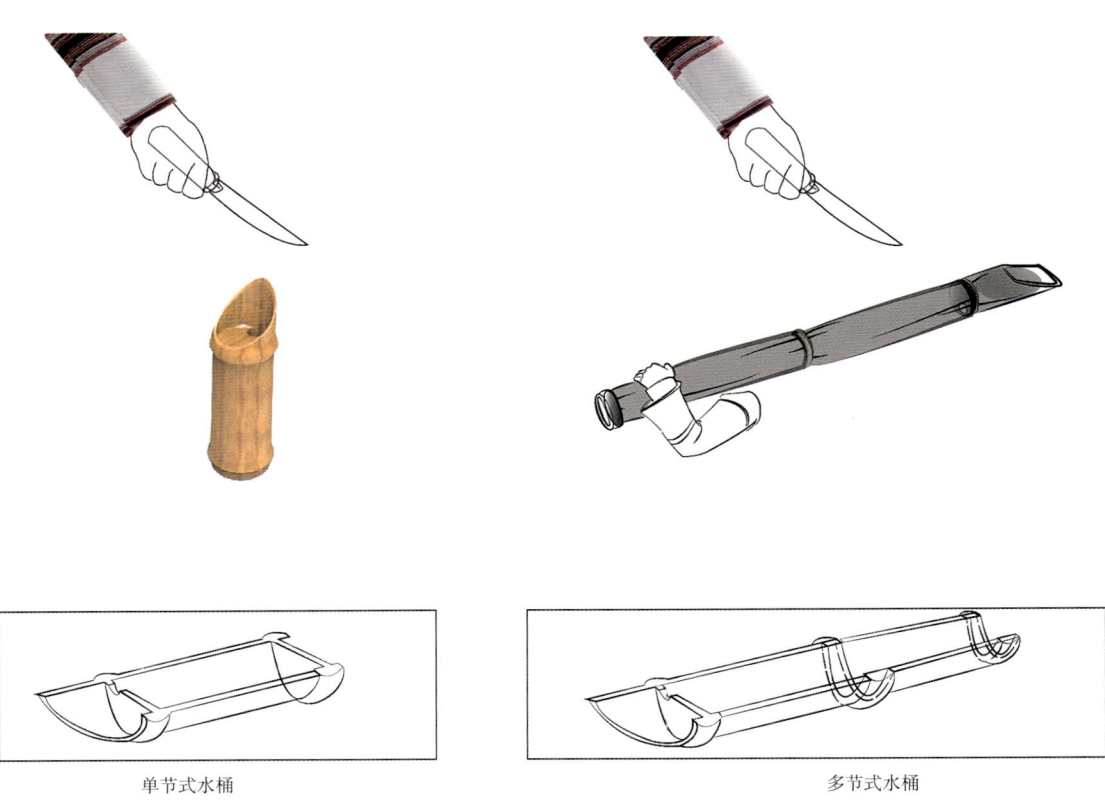

单节式水桶　　　　　　　　　　　　多节式水桶

图三 基诺族竹节水桶剖面示意图

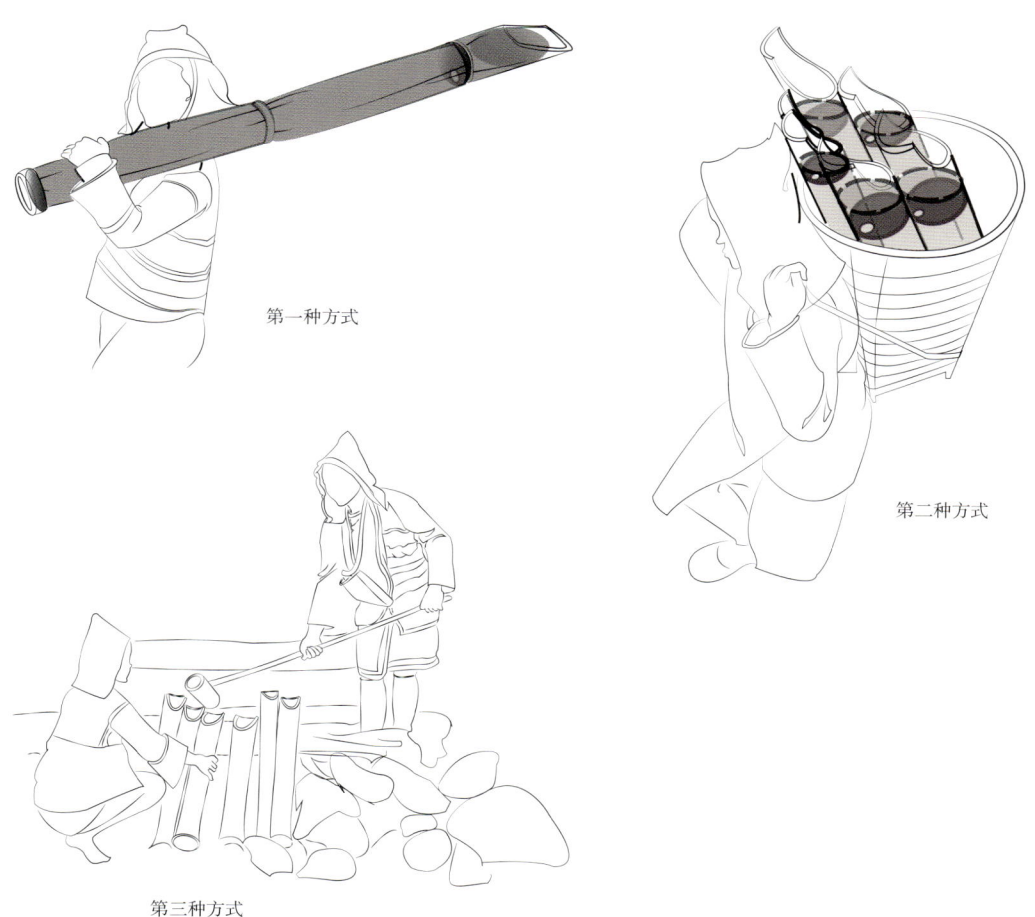

第一种方式

第二种方式

第三种方式

图四　基诺族竹节水桶取水运输方式示意图

图五　基诺族竹节水桶倒水方式示意图

基诺族竹制桌凳

图一 基诺族竹制桌凳主图

基诺族人在火塘周围，为起坐方便和摆放需要，常使用一些比较低矮的家具，其中，竹木制桌凳是最常见的。

由于基诺族聚居区盛产毛竹，所以竹材来源十分丰富，而且加工方式相对比较简单容易，因此在制作桌凳时，竹子就成了首选主要的材料。

由于在基诺族人居住的大房子里，火塘直接设置在楼板上，为便于在控制炉火和制作食品时起坐方便，基诺族人的竹凳一般高度较低，通常为30厘米左右。少量竹凳呈圆柱形，多数竹凳为方形立柱或上小下大的梯台形。方凳的上部凳面一般为35厘米见方，有两层方形框架，上层框架为木质，用宽5厘米、厚2厘米的木板榫卯相接做成；而下层框架则选用2厘米左右的竹棍或木棍，与木框架之间相互叠加捆扎形成。底部凳脚也是木质榫卯框架，不过由于承受全部荷载，所以用材稍大，一般选用宽8~10厘米、厚3~5厘米的木板制作。在上下框架之间是方凳的竖向支撑，除了四角各有一根外，每边的中间各增加一根，选用宽度为8~10厘米、厚1厘米的竹片，竹片中部略宽，两头稍窄，稍呈倾斜状，分别插入凳面和凳脚的木质框架卯孔中固定，这样形成了凳子的整体骨架。这个整体骨架完成后，用宽0.5厘米左右的竹篾交错编制成人字纹样，分别交织绑扎在上部两层框架上固定，形成凳面。

基诺族的小圆桌常与方凳配套使用，一般高度在60厘米，直径为60~70厘米。最常见的圆桌外形呈圆鼓状，由桌面、中部支撑和底边框组成。桌面做法与圆匾类似，将竹篾互相穿插编成圆形席片，边缘用两个厚竹片或竹枝成圆环状夹住席片，然后用藤条或细竹篾绑扎固定形成圆匾形桌面。这种桌子的底边框则选用直径约2厘米的竹枝，端部斜切相对，用竹篾捆扎或铁件钉固。然后将宽2厘米、厚0.5厘米的竹片弯曲成波浪状，依次分别用细竹篾或藤条固定在桌面框架和底边框上；有时在波浪形中撑的中部，再将细竹篾用十字捆扎的方式将短竹枝固定在相邻的支撑之间，或者用细竹枝环绕一圈并与中撑捆扎，起进一步加固作用。另一种圆桌则采用无底框、四只支撑脚落地的形式；桌脚选用直径3~4厘米的竹枝，上端插入桌面框架的卯孔中。为提高承载力，常将这种桌脚的上半段稍向外侧弯曲。另外，再选择直径为2厘米左右的竹枝，弯曲成类似字母C的形状，在主桌脚的左右两边，上端与桌面框架绑扎，下段与主桌脚绑扎固定，相当于在桌脚和桌面框架间加了斜撑。同时，在桌脚间呈十字交叉形再加装竹枝，可以起支撑加固和拉结的双重作用，受力更合理。

基诺族竹制桌凳目前仍是使用广泛的生活器具之一，其制作材料易于获得，虽然制作方法简单，但是其构造设计巧妙，是上小下大或鼓状的形式，斜撑、框架等均符合现代结构原理，受力传力路线简洁合理，在现代家具设计中仍有运用。

图片来源
图一、图二　李迪　摄影
图三、图四　李迪　制图

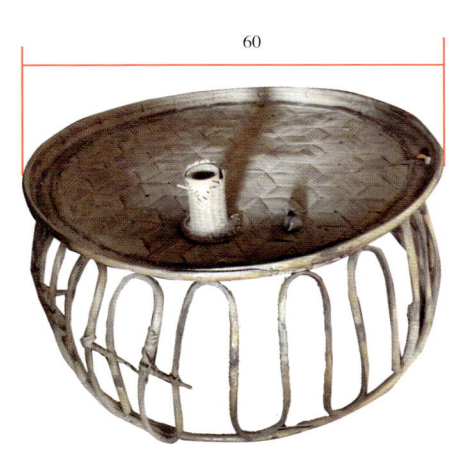

图二　基诺族竹制桌凳尺寸图（单位：cm）

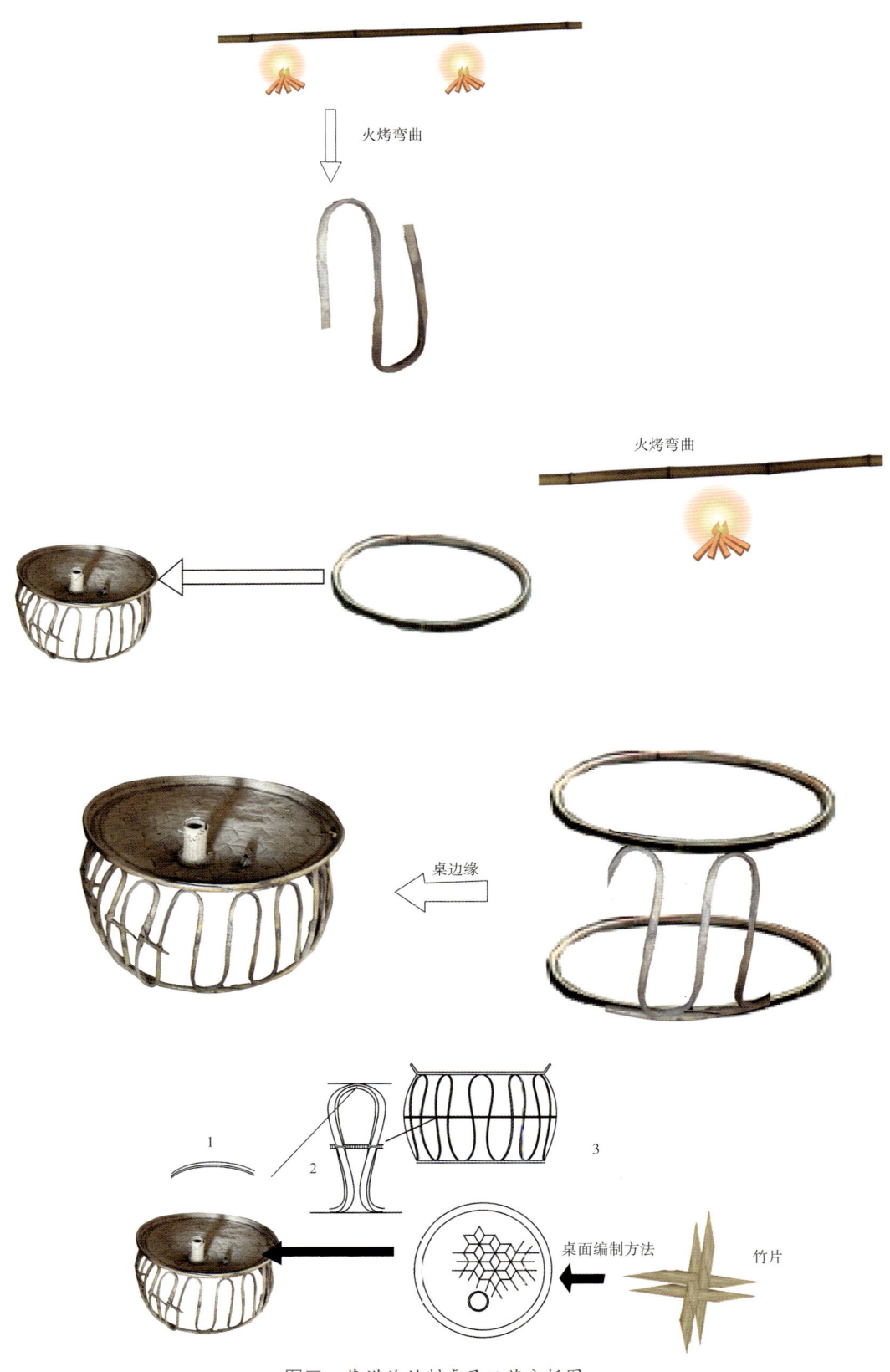

图三　基诺族竹制桌子工艺分析图

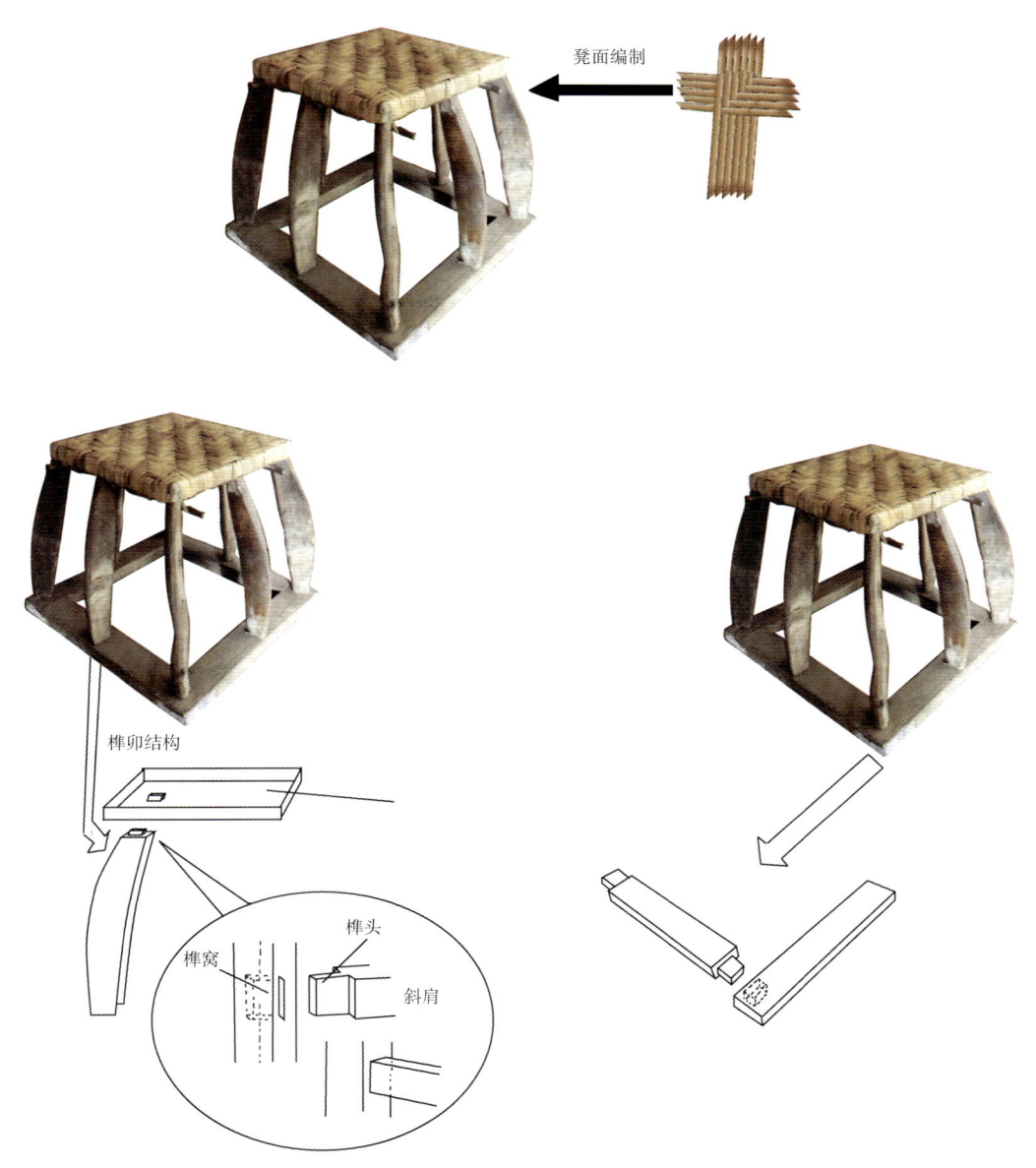

图四　基诺族竹制坐凳工艺分析图

基诺族竹碗

图一　基诺族竹碗主图

基诺族人经常选用毛竹制作生活用具，其中长圆形竹碗独具特色。这种竹碗不仅可以盛放各种食物和水，而且由于结实牢固、中间空间较大，也可以当做舂臼，制作泥状食品。

基诺族竹碗一般采用竹节短粗、竹壁较厚的老竹制作，总体呈长圆形。首先选取总长度在30~40厘米、直径为15厘米左右、壁厚为0.8~1厘米的毛竹，其中竹节的长度一般为20~25厘米。制作竹碗时，保留竹节间隔壁作为碗的两个端部短边，然后将其中间的竹节壁切削挖去约1/3，形成长方形开口。在竹节间隔的一端，一般削去多余的竹壁，中间只保留一个长15~20厘米、宽5厘米左右的竹片把手与竹节连接，以便抓握；也有在边缘处保留一根直径3厘米左右的竹枝作为边把手的，有时也制作只保留竹节的竹碗。另外，为保持放置平稳，竹碗底部常稍稍打磨，以形成平整面。

基诺族人使用竹碗主要有两种用途。一种是在吃饭时，用只有竹节的竹碗，一般直接将食物放在这种竹碗中，端在手中或放于桌子之上。另一种是用于制作食品，类似汉族人的锅具。基诺族人喜好剁生等食品，制作时常将肉类剁碎，放于竹碗中，再放入盐、辣椒末、葱蒜末、姜末、薄荷、韭菜等大量佐料以调味和压腥，然后用细木棍进行搅拌；由于竹碗底部基本仍为圆弧形，操作时不易平稳，会滑动或平移，所以这时一般选用带有把手的竹碗，将碗置于桌面，左手抓握把手，右手进行舂臼或搅拌动作，直至各种原料混合均匀可以食用为止。另外，由于这种碗是用竹子制作的，耐烧烤，所以还可以当做锅具，直接放在火塘上烧制食物。

由于竹碗的制作材料毛竹极易获得，制作方法也比较简单，所以竹碗目前仍是基诺族人使用广泛的生活器具。基诺族的这种竹碗十分轻巧，造型简洁大方，既可以在室内使用，也可以外出携带；既可以当碗，又是盛具或锅具，一物多用，具有较好的借鉴价值。

图片来源

图一、图二　李思绮　摄影
图三至图六　李思绮　制图

边把式竹碗

中间把手式竹碗

图二　基诺族竹碗实物图

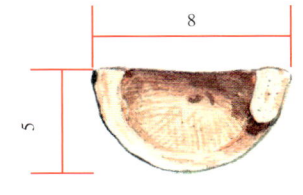

图三　基诺族边把式竹碗剖面示意图（单位：cm）

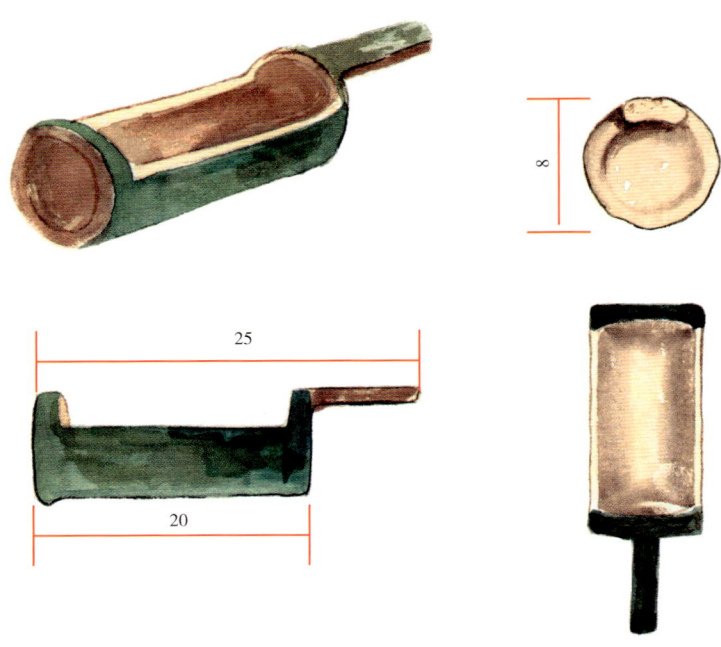

图四　基诺族中间把手式竹碗剖面示意图（单位：cm）

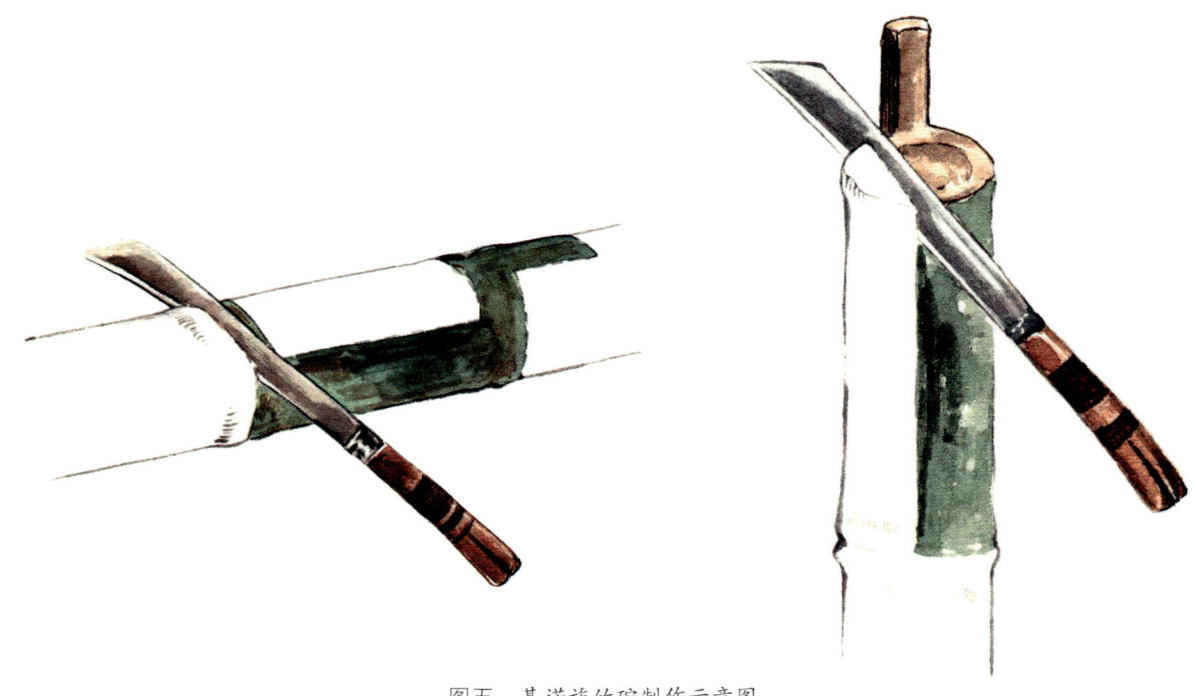

图五　基诺族竹碗制作示意图

图六 基诺族竹碗使用情境图

基诺族竹筒

图一　基诺族竹筒主图

基诺族竹筒，又称"七轲"，它的产生、发展与基诺族的狩猎生活密不可分。基诺族聚居的地区山高林密，竹筒最早是用于狩猎时敲击发出声响，从而驱赶出野兽便于捕猎，并及时传递猎获信息；后来逐渐演变为基诺族的敲击伴奏类乐器，主要用于狩猎成功的庆祝分享活动，其他场合则不再使用。演奏竹筒已形成比较固定的曲调和节奏，其音色清脆和谐，与基诺族人粗犷的歌声互相配合，表达了人们的欢乐情绪。

这种作为乐器的竹筒，以七个一组最为常见，有时也由四至七个组成。每组竹筒最好都取材于一棵竹子，然后切割成大小不同的若干个，每个多为一个竹节。竹筒根据其尺寸、式样和用途，一般分为两种。稍大者称"布姑"，主要用于庆祝捕猎到大野猪、马鹿等较大野兽时敲击；略小者称"切克"，用于捕猎小野猪、麂子等小兽类时敲击。基诺族人可以从竹筒发出的声音，分辨出捕获野兽的大小等信息。

竹筒是一种合奏乐器，一般是一人一筒集合演奏或配合击奏；也可以一或两人兼奏两三个竹筒。由于基诺族人聚居区盛产毛竹，且竹筒制作简单，所以早期的竹筒基本采用临时制作的方式。后期成为乐器后，制作方式才逐步固定下来。

基诺竹筒中的"布姑"用直径七八厘米的较粗大的毛竹筒制作，一般高为25~40厘米，保留竹筒下端底部的竹节；上端则做成敞口，在敞口筒壁一侧向下方开一条长10~15厘米、宽一二厘米的垂直缝隙。筒的长短、筒径大小、缝隙的长度宽度不同，可以制作出不同音高音色的"布姑"。

而"切克"则是选用筒径五六厘米稍细的毛竹，可以是一节或两三节毛竹筒制成，通高35~45厘米，同样保留筒下端的竹节；然后从竹筒的1/2处左右向上修削成斜口，不开垂直缝隙。切克的音高与筒长、筒径和修削的斜口角度有直接关系。

演奏竹筒，狩猎时基本是边走边敲击的行奏法，举行活动仪式时则采用坐奏的方式，一般用木棒按照音高和节奏进行敲击。木棒一般长25厘米、直径3~5厘米左右。连续行进演奏时，左手持竹筒下端，将筒口朝上，右手执硬木棒敲击竹筒上部。而坐奏时，领奏者一般将高低音竹筒按照由外到内的顺序排列，可以把三个或四个竹筒横于腿上，用一只手扶住竹筒，或者用双腿夹住固定，然后用另一只手执硬木棒敲击出一定的曲调和节奏，发音清脆洪亮。七个一组的"布姑"，一般按五声音阶排列，基诺语名称为尤优、革勒多、革姑、革公、春绕、春女、春卯；也有一些村寨使用八个或九个一组的竹筒。

基诺族竹筒的制作材料易于获得，制作方法简单，通过竹筒音高和演奏方式的变化达到热烈活泼的效果，因此，目前仍是使用广泛的礼俗乐器之一。

随着基诺族社会经济的发展和交流活动的增多，竹筒已不仅仅用于礼俗庆祝活动，也用于表演娱乐。一些熟练的基诺族人发展了竹筒的制作工艺和组合方式，制作了支架固定式的演奏专用竹筒，而且还丰富了竹筒演奏的各种曲调，甚至可以由一人或多人敲击奏出一些现代乐曲。敲击节奏独特，纯朴粗犷，富有浓郁的基诺族风采，又与时俱进，气氛热烈生动，是民族文艺的瑰宝。

图片来源
图一　乔宁宁　摄影
图二至图七　乔宁宁　制图
图八　李思绮　制图

布姑

切克

木棒

图二　基诺族竹筒实物图

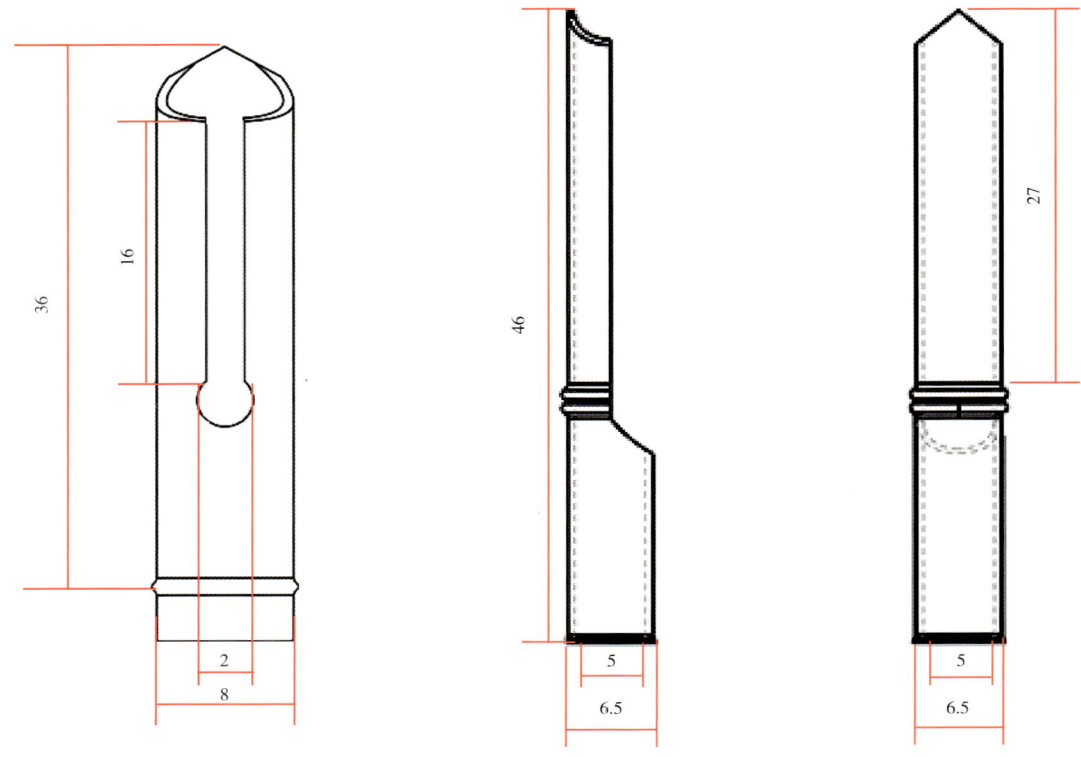

图三 基诺族竹筒尺寸图(单位:cm)

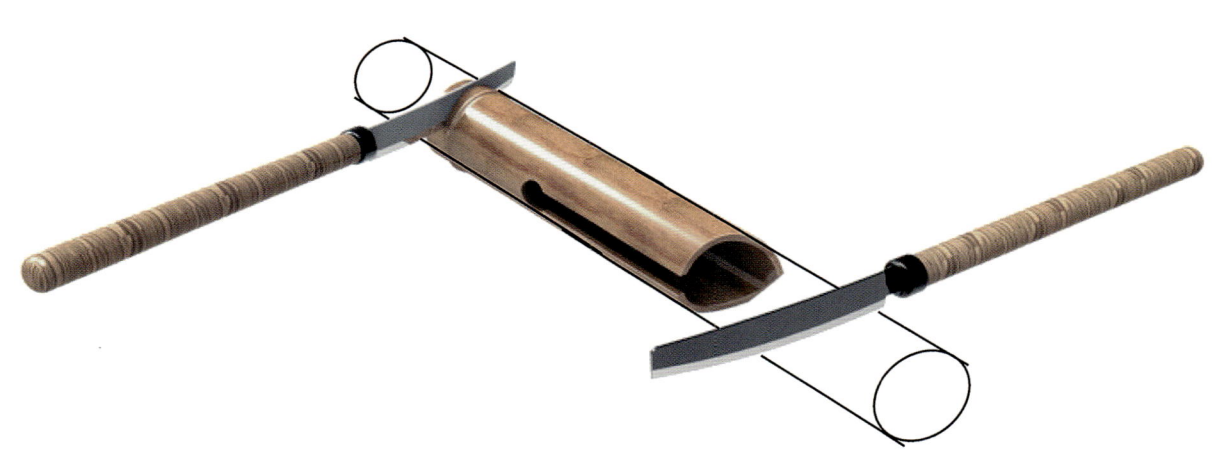

图四 基诺族竹筒制作示意图

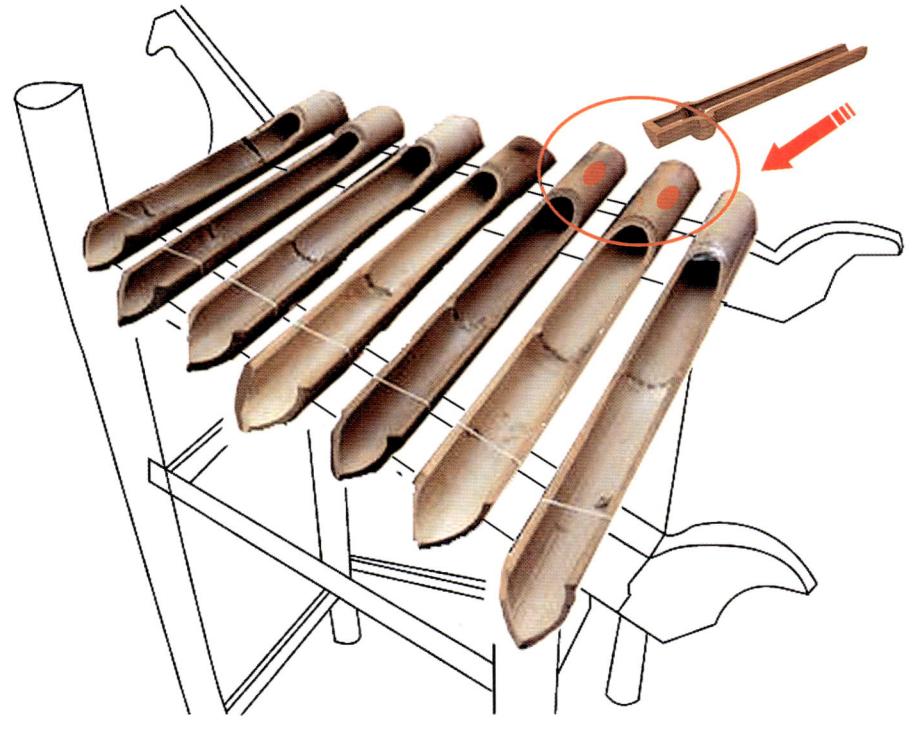

图五 基诺族竹筒演奏排列示意图

图六 基诺族竹筒单个演奏示意图

第四章 基诺族传统生活用具

图七　基诺族竹筒组合演奏示意图

图八　基诺族竹筒坐奏情境图

第五章 基诺族传统生产工具

基诺族常用生产工具

图一 基诺族常用生产工具主图

基诺山寨所处的地区基本为山地，大片完整的平坝很少，而且基诺族人的生产方式是以刀耕火种的山地农业为主，因此，基诺族人的主要生产工具是开荒砍伐所用的各种刀类和装有铁头的播种用的剁铲，以及铲草的小手锄等。

具体来说，基诺人经常使用的生产工具有以下几种：

小弯刀，基诺语称"苗科"，全长约35厘米。其中刀把为木质或铁质，长约15厘米；刀体宽约3厘米，安装在刀把上呈微弯曲状，主要用于割草和收割谷物。

腰刀，全长45厘米左右，相对用途比较多。其中刀把长20厘米，一般选用直径5厘米左右的木质或竹枝做成；刀体宽3~5厘米，主要用于宰杀牲畜、切割肉类，可随身佩带。

大长刀，基诺语称"苗吗吗"，全长1

米左右,通常选用木把,刀体长约50厘米,刀面宽处有8厘米,一般用于砍伐较大较高的林木。

锄,基诺语称"则吗",全长约170厘米,木把。锄面长20厘米、宽10~12厘米,一端有圆环,套装在锄把的一端,并用楔木塞入固定。主要用于挖松土壤,以便于使用牲畜耕作,并可以在犁耕之后进行平整或回填。

手锄,基诺语称"则科",全长约30厘米,可说是小型便携式的锄具。锄面长约12厘米、宽8厘米,主要用于除草等作业。

点种铲,又称剁铲,长度约25厘米,一端装有铁头,长约15厘米,主要用于播种时在土壤上戳出孔洞,以便后续点种。点种铲是在点种棒基础上发展变化而来的,装上铁头冲击力更强,劳动效率更高。

上述生产工具虽然形式简单,却很适应当地环境,使用也方便灵活,是基诺族人进行农业生产的重要工具,也体现了基诺族人在刀耕火种年代的生产生活方式。基诺族居住的山区特殊的地域环境促进了特殊农业工具的产生。针对生存地区的生态环境状况,基诺族人逐渐形成或选择了最适应该地区生态环境状况的生存生产方式,这充分体现了环境与人类社会发展之间的紧密相连且不可分离的关系。

图片来源

图一至图七　乔宁宁　制图

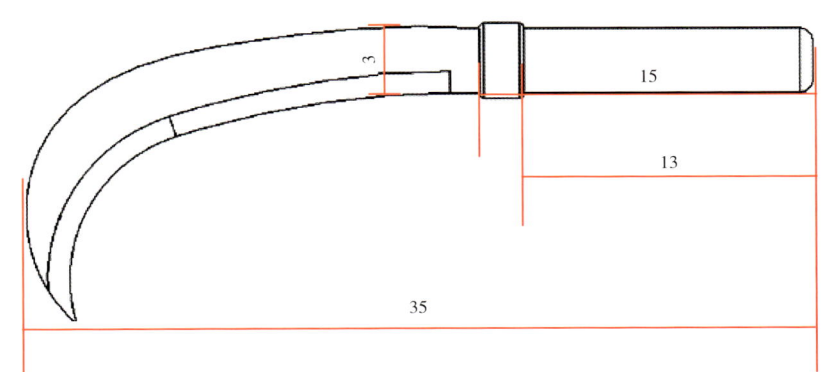

图二　基诺族小弯刀尺寸图(单位:cm)

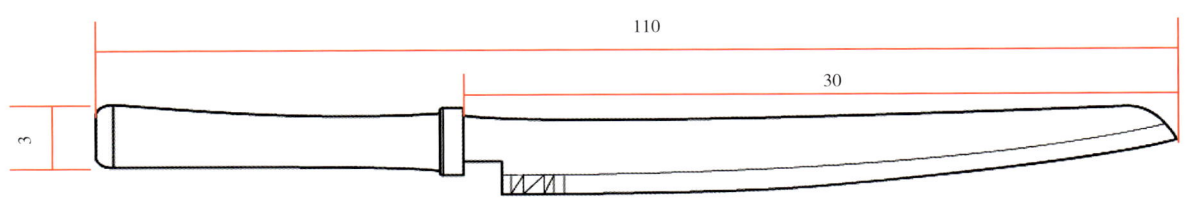

图三　基诺族腰刀尺寸图(单位:cm)

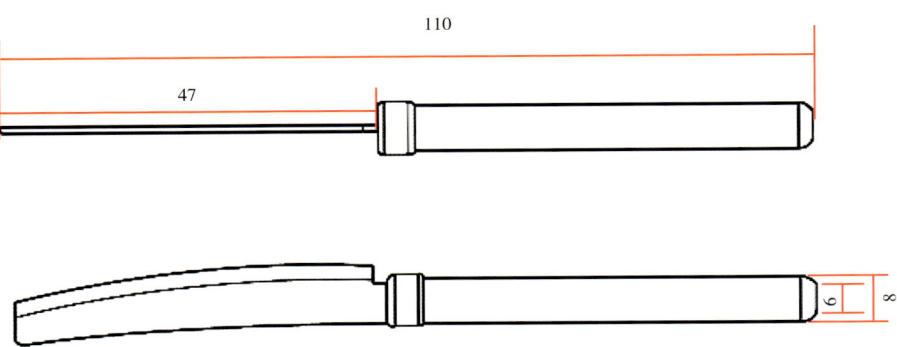

图四 基诺族大长刀尺寸图(单位:cm)

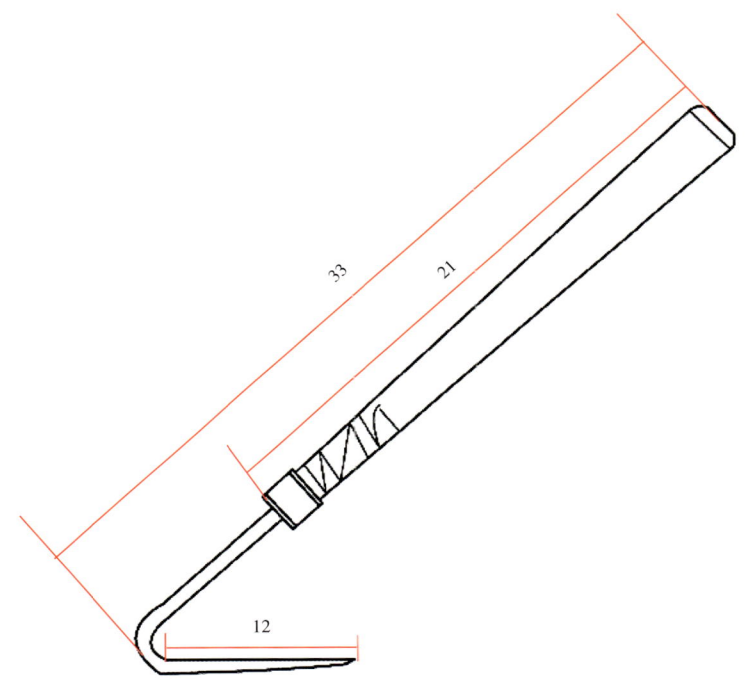

图五 基诺族手锄尺寸图(单位:cm)

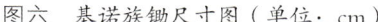

图六　基诺族锄尺寸图（单位：cm）

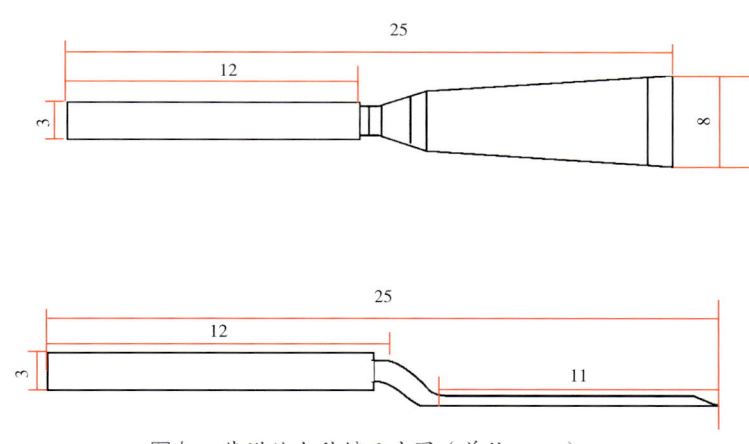

图七　基诺族点种铲尺寸图（单位：cm）

基诺族腰刀小背篓

图一　基诺族腰刀小背篓主图

基诺族人以种植、狩猎为主要生存支柱，但是由于地处西南山地热带雨林中，植被生长茂盛，在狭小的田地周围往往杂草丛生，对植物的生长以及耕作的便利性造成不良的影响。此外，在捕猎的过程中，山区往往会出现飞禽走兽，对自身的安全产生一定的威胁。故此，基诺族人在外出劳作时，都会携带一把约35厘米长的腰刀，用以砍除杂草、辟出路径、驱赶野兽、自我防卫。

腰间砍刀作为基诺族男子日常外出劳作的重要工具，设计讲究，满足随手抽出、放回、便于携带、不碰伤自己及他人等多方面的要求。

基诺族人对竹子有着自己独到的使用工艺、手法和处理方式，并且世代相传，独具匠心。腰刀小背篓就是基诺族人用竹料弯折、编织制成的。

腰刀小背篓近似于扁平的长方体，高度在26厘米至34厘米之间，宽度约8厘米，上敞口样式，类似于刀鞘的形状。其主要由片竹和篾条组合编织而成，下部是片竹弯折后，作为储放腰刀的部分，上部敞口处是篾条穿插、捆绕用于固定的部分。随着时间的推移，原本只是作为普通携带功能的小背篓，逐渐具有了装饰功能，基诺族人使用繁复的编织手法，使得背篓愈发美观。

腰刀小背篓在制作时，首先要选取5到8条长约50厘米的片竹，对其韧性和弯折度都要精挑细选。在片竹的中点处，进行打磨和轻削，使得片竹在该处易于弯折。将打磨后的片竹弯折，并列排放，构成一个扁U型的储存囊。再利用篾条在片竹的端头进行来回的穿插和编织，最终制作出精美的腰刀小背篓。

基诺族的腰刀小背篓造型特别、小巧精致、轻便环保，反映了基诺族人对材料的运用、生活的观察和思考都有着独到的见解。

图片来源

图一　李思绮　摄影
图二至图五　李思绮　制图

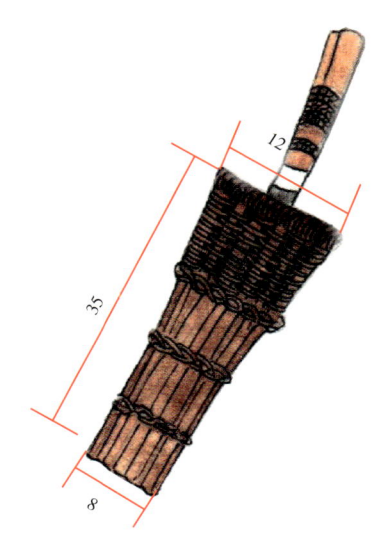

图二　基诺族腰刀小背篓尺寸图（单位：cm）

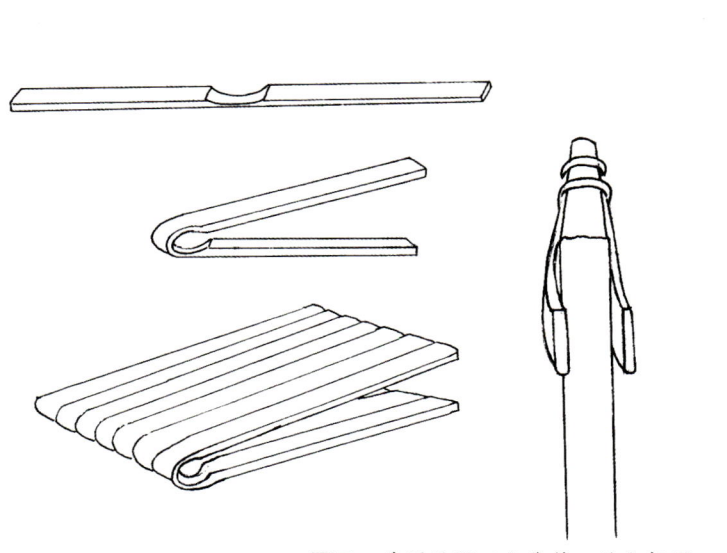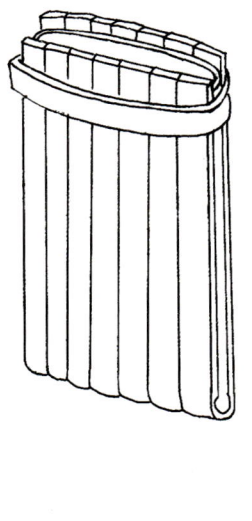

图三　基诺族腰刀小背篓工艺分析图1

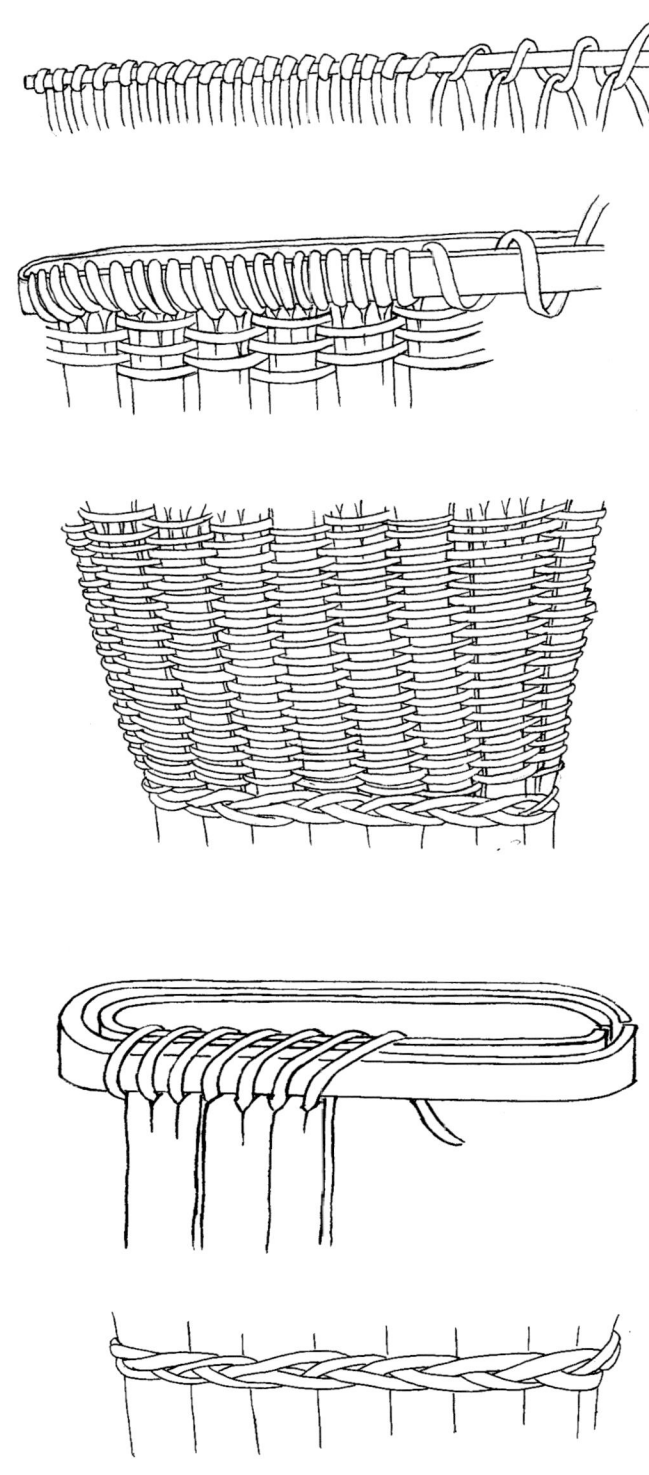

图四　基诺族腰刀小背篓工艺分析图2

图五　基诺族腰刀小背篓制作与使用情境图

第五章　基诺族传统生产工具

基诺族扁担

图一　基诺族扁担主图

由于基诺族人长期生活在山区，山寨周边茂密的原始森林除了有可用于建房的大型木材之外，还有取之不尽的杂木小树，这是基诺族人日常生活必需品，如生火做饭、制作简单工具等，都需要进山砍伐各种木材。山林路途崎岖，运输不便，就必须有一种有效的工具和方法，将砍下的各种小型木材运回山寨。于是在不断的生活积累中，基诺族人发明了自己独特的运送工具——扁担。

基诺族人的扁担与其说是一种运送工具，还不如说是一种独特的运送方法；一般可以结合运送木材的多少，在砍伐过程中，借助道具和绳索现场制作，方法简单，可由一个人独立操作完成。这种扁担将诸多大大小小的木材，与一根横杆组合捆绑成一个整体，每次尽可能多地将木材带回住地，大大提高了运输效率。

扁担的整体形制类似H型，尺寸大致为长1.6米，水平横杆高度为1.25米左右，也可由劳作者根据自己的身高来定。首先选择一根较粗的木材做受力的横木，也可以将几根细小的树干捆绑组合而成，横木两端需留出较细的部分，相当于榫头；横木长度约为1.6米，榫头部分尺寸约为20厘米。另外，将砍伐下来的各种木材分成适宜大小的两捆，分别在两端捆绑扎紧，在要插入横木的位置预留一个卯口。然后，将横木的榫头插入卯口，并用绳索在卯口上下进一步绑扎加固，以防运输过程中脱落。这样，一个扁担就制作完成了，基诺族人可以轻松地用肩挑的方式将木材运回山寨。到达目的地后，只要将绳索解开，所有扁担的材料均可以使用；下次再进山砍伐时，重新制作即可，避免了往返携带专用运输工具，行走方便，节省体力。

云南是一个植物王国，丰富的森林资源是基诺族人赖以生存的自然资源。基诺族人在漫长的生产劳作过程中创造出了扁担这种因地制宜、简单实用的生产工具，不仅可以结合每个劳动者的具体情况灵活确定扁担大小，而且还不需要借助复杂工具，只需要简单的绳索捆扎，制作方法简单易行，使用方便，可达到事半功倍的效果。

图片来源
图一　谢海波　摄影
图二、图三　谢海波　制图

图二　基诺族扁担使用示意图

图三 基诺族扁担制作流程图

基诺族地弩

图一　基诺族地弩主图

　　狩猎是基诺族男子的主要副业，也是基诺族获得肉食来源的一项重要活动，在经济生活中占有一定的地位。

　　基诺山原始森林里动物种类繁多，基诺族人传统狩猎对象大致可分为兽类、鸟类等。早先他们主要采用的是下扣子、支压木、置地弩、拉弯弓、下竹签、设陷阱、枝条粘、围猎等狩猎方法。他们常用的狩猎工具是：用绳索搓成的支在鸟类通过地方的套扣，设在野兽行进路线上的弯弓和陷阱，打马鹿、麂子、野猪、野牛、老熊等用的自制弩箭等。后期也有使用外地买来的火药枪，这是狩猎生产力显著增长的标志。基诺族打猎有三种形式：一种是村寨组织的集体围猎；第二种打猎的形式是几户联合起来打，可用于捕猎较大的野兽；第三种形式是个人发现后自己去打。

　　弓弩是基诺族普遍使用的狩猎工具之一，杀伤力大，方便携带。地弩是安置在山林或地边野兽出没之处的、设有机关的弩，一般近地面设置。由于目标距离近，所以命中率高，杀伤力强。又因为不需人亲自操作，猎人可以远离现场，所以不怕受伤的猛兽反扑，因此对人来说就十分安全。地弩由弩身、弩臂、弩弦、箭槽、弩机等部分组成，长约70厘米。弩身一般用坚硬而不变形的硬木为材料制成。弩臂的用料、制作最为讲究，要选纹理流畅、直而少节的木材，经过加热烘烤，再按所需形状弯曲固定，待定型后再次烘烤、干燥后，经修整磨光后完成。用崖桑木等制作为最好，较简单的也可用硬竹替代。弩弦多用牛皮条和麻绳制成。弩机主要用于控制弩箭方向的关键，一般用硬木制成，也有用野牛角的。弩箭一般用硬竹制成，由箭身、箭头、箭羽组成，有时为捕猎较大型的野兽，也有用在箭头上加装涂了毒汁的毒箭镞。

基诺族人会根据实际情况，采取不同的设置地弩的方法。一种是挖坑隐藏式，就是先挖一个长60厘米、宽20厘米、深30厘米左右的坑，坑里用木桩固定地弩，上面缚只野兔作诱饵，当猎物伸爪去抓兔子时触动弩弦，继而触发弩机，使弩箭射中猎物。另一种架弩的方法是将地弩设置在野兽出没地，将弩弦拉满固定后，用绳牵紧扳机，再设一绊绳与牵绳相连。野兽经过时一旦被绊到，会连带牵动弩机，箭即射出。野兽一旦被射中，便难以再逃了。

农耕时代的弓弩是那个时代易于携带且极具杀伤力的狩猎工具。地弩利用预设的机关，通过引发装置射出弩箭，不仅可以有效地射杀猎物，而且也保证了猎人远离猎物，避免受到猎物的伤害。这种联动机制对当代的机械设备的设计有一定的启发意义。

图片来源
 图一 施魏祥 摄影
 图二至图七 施魏祥 制图

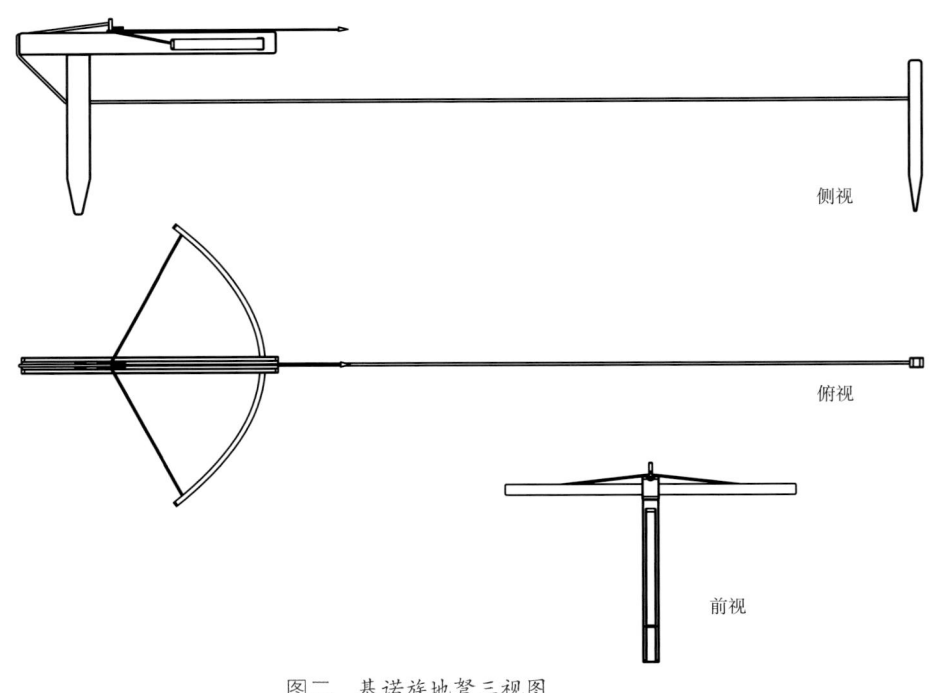

图二 基诺族地弩三视图

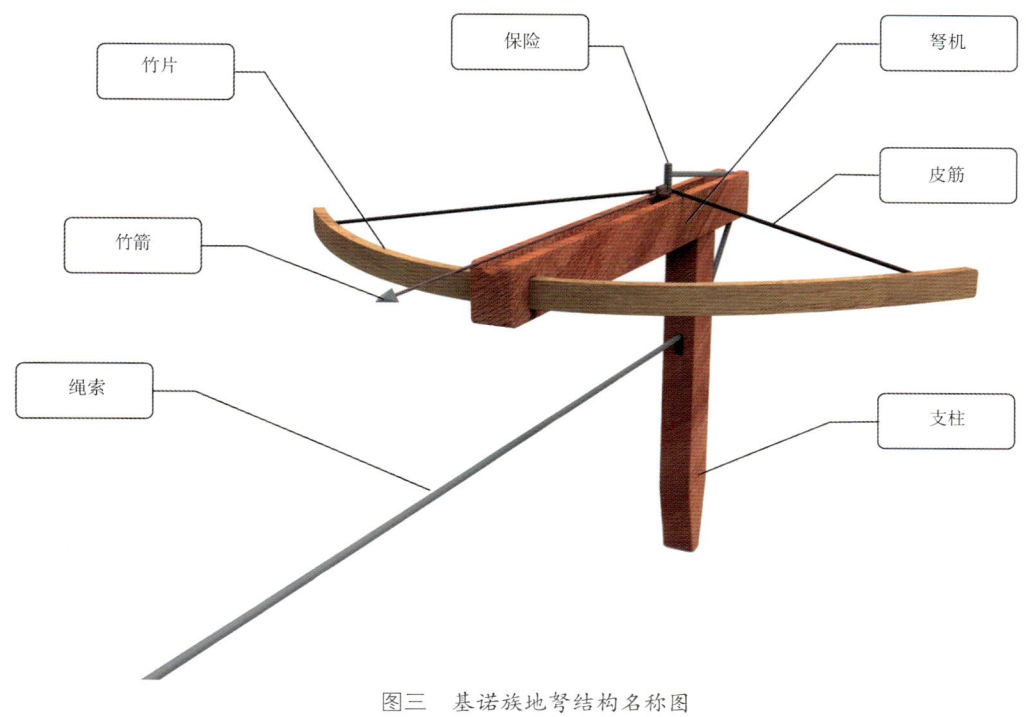

图三　基诺族地弩结构名称图

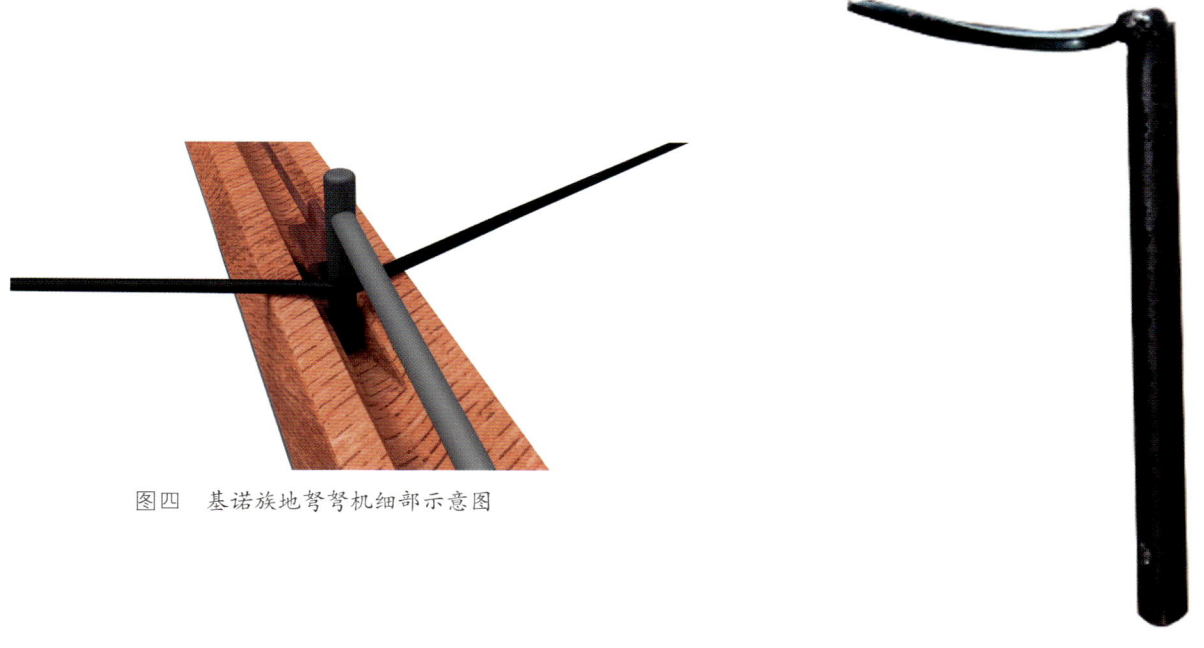

图四　基诺族地弩弩机细部示意图

图五　基诺族地弩拨杆细部示意图

第五章　基诺族传统生产工具

151

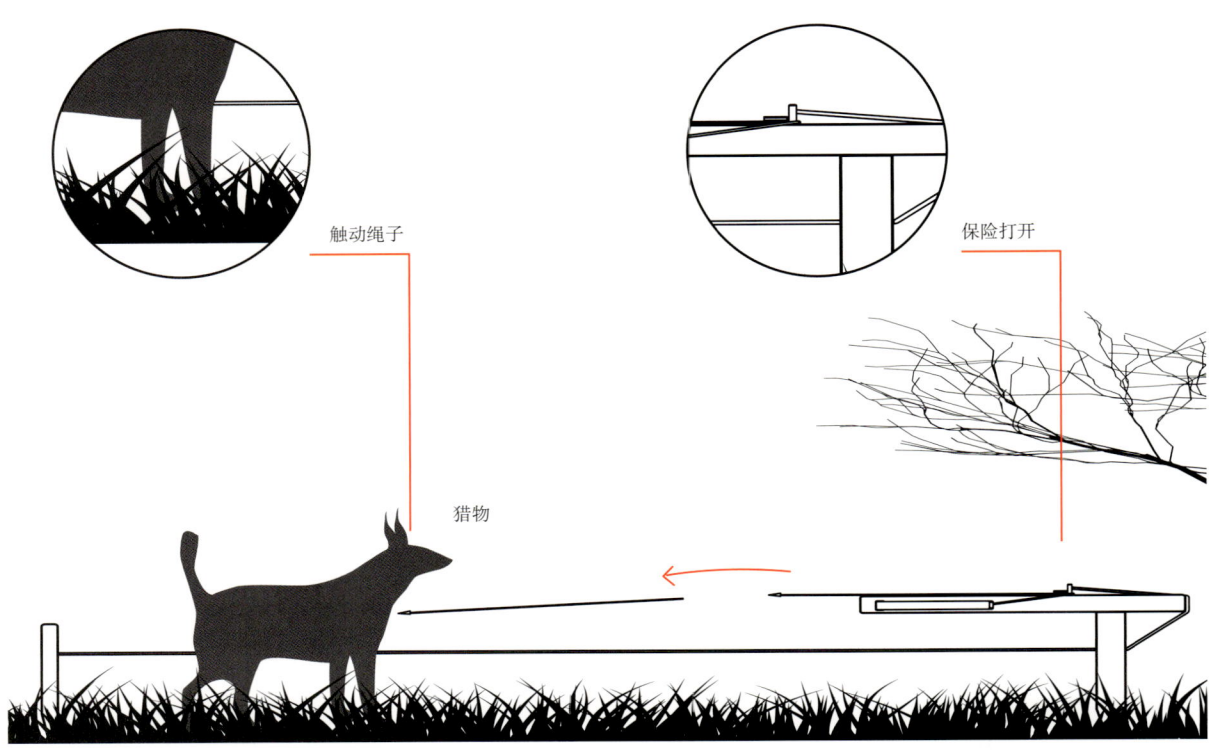

图六　基诺族地弩狩猎使用示意图

图七　基诺族地弩使用受力示意图

基诺族对冲

图一　基诺族对冲主图

基诺族人使用的对冲是一种通过锤击敲打将颗粒物舂成粉末的器具。对冲的尺寸有大、中、小之分，大的可由二至四个人同时工作，小的也可由一个人独立完成操作。

对冲的基本形制是将一根横木两端做出圆柱形榫头，将其分别插入一对固定在地上的粗壮方柱的卯口中，形成一个横轴可以转动的对冲H型主支架。横轴的中间应开一个方洞口，将一根前端略粗、后端略细的长木方的后端1/3穿过此方口后，用楔木卡紧固定。在长木方的前端也开一方口，由下向上插入一根木杵，并在方孔上方卡入一块木销板；木杵下端略细，呈圆柱状，便于舂击，而木销板使得木杵与长方木在使用过程中不仅不会松散，反而会随着每一次的舂击越来越紧实。在木杵下方的地面埋入一个直径40~50厘米的石臼，石臼边缘沿口比地面高5~10厘米。另外，为便于人们站稳使劲，在长木方后侧的1/2处，辅助做一榀与对冲主支架平行的辅助木架，木架也是H型，两边木柱高约1.4米，横木距地约1.2米。

在使用对冲时，人们可以两手趴伏在辅助支架的横木上，稳定重心。然后用脚踩动长方木的尾部，利用主支架形成的支点，将前端的木杵抬高，再放松脚部，由于重力作用，木杵砸入地面的石臼内。石臼内可以放入玉米、麦子等颗粒状农作物，也可放入花椒、八角、干辣椒等调料，借由上方落下木杵的一次次强有力的冲击力，将原料逐步打成粉末。同时，在石臼旁边还可以有一人进行配合，在木杵落下的间隙，用一个类似于长柄木锄的工具将石臼内的食物原材料翻动拨弄，使原料受力后粉碎均匀。

云南是一个植物王国，基诺族所在的基诺山不缺木料，当地居民利用这种最容易得到的材料，运用杠杆原理，创造出了对冲这种经济实用的生产工具。在实际生产过程中，不仅可以省时省力、达到事半功倍的效果，而且食物原料在重力木杵冲击下逐步变成粉末，口感细腻，但又保留了一定的纤维组织或粘性。

图片来源
图一至图三、图六　乔宁宁　摄影
图四、图五　乔宁宁　制图

图二　基诺族对冲石臼实物图

图三　基诺族对冲拨杆实物图

图四 基诺族对冲使用受力示意图

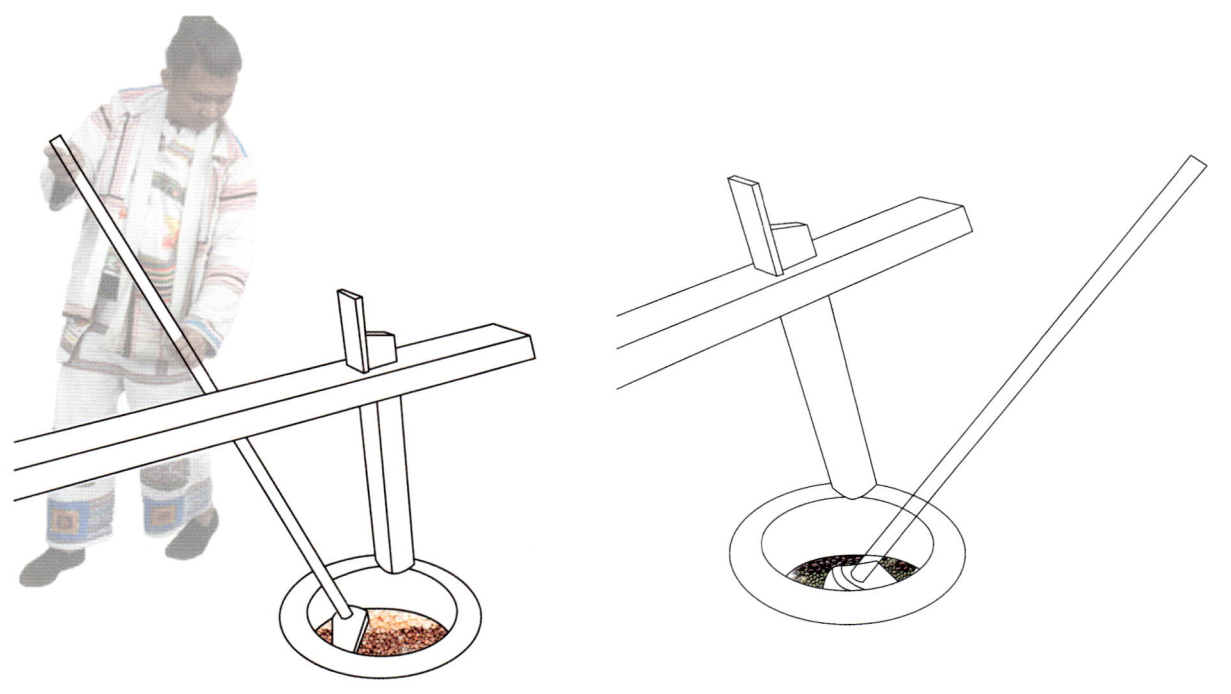

图五 基诺族对冲使用示意图

155

图六　基诺族对冲使用情境图

基诺族腰机

图一　基诺族腰机主图

基诺族特有的砍刀布遍布于他们生活的方方面面：族人的服饰与头饰、室内的装饰布料、日常起居生活用布、节庆祭奠活动用布等。砍刀布是基诺族最基本的生活要素，是其生活中必不可少的材料。

砍刀布是由当地妇女通过基诺族独特的腰机纺织而成的，正是因为这种腰机不同寻常的机器构造和工作原理，使得基诺族的砍刀布牢固、耐用、色泽艳丽，焕发出独特的光彩。

基诺族的腰机从整体上看是一个稳定的三角形，分别由大小综筒、梳扰、支撑、转轴、坐木条、固定踩条所构成，除此之外还有大小各异的锁子与用于压紧的砍刀布。大小综筒的主要作用是将经线分开，交叉分成上下两股；通过综筒的经线再经过梳扰把一般的经线吊起，以便于纬线的编织；经由梳扰的纬线上下分开，这时候妇女就可以使用木梭进行纬线的串绕；支撑用作梳扰的固定，保证梳扰可以将经线拉开一定的距离，同时可以保持人在离开之后，腰机依旧可以保持稳定；转轴的作用方式是将编织压制好的布料传送到卷布银转轴上进行布料的收集，另一方面是与坐基木条相连，人可以坐在坐基木条上，保持整个腰机的稳定；固定踩条与综筒旁的一根小木棍相连，织布时，人可以用脚踩住踩条，确保整个机身的稳定。

基诺族腰机的工作原理与传统的腰机相同，都是通过经线与纬线的相互紧密穿插而构成的。经线间隔着通过综筒和梳扰上下分开，基诺族妇女手持木梭，将纬线上下串绕过经线，每穿插一次，都需要用木质砍刀进行按紧与压实。压实后的砍刀布经过转轴运送到收集布料的部分。特别值得一提的是基诺族的砍刀，是整个织布过程中的精华，弓型的砍刀正好符合人体工学要求，厚薄适度、作为打紧工具重量恰到好处，既能够实现纬线的压实，也能够保证使用者在使用的过程中感到轻巧方便。另外纬线的输送是通过一个木质线轮实现的，底座支撑了一个活动的十字架，可以围绕支撑中心进行转动，十字架的四个断点顺势缠绕着纬线，在纺织过程中，线轮可以转动着输送纬线。

在基诺山区，几乎每个妇女会这门织布的绝技，并且作为家族重要活动地的大长房，几乎每家都有一台腰机以供家族布料制作需求。

图片来源
图一、图三至图五　李迪　制图
图二、图六　李航　制图

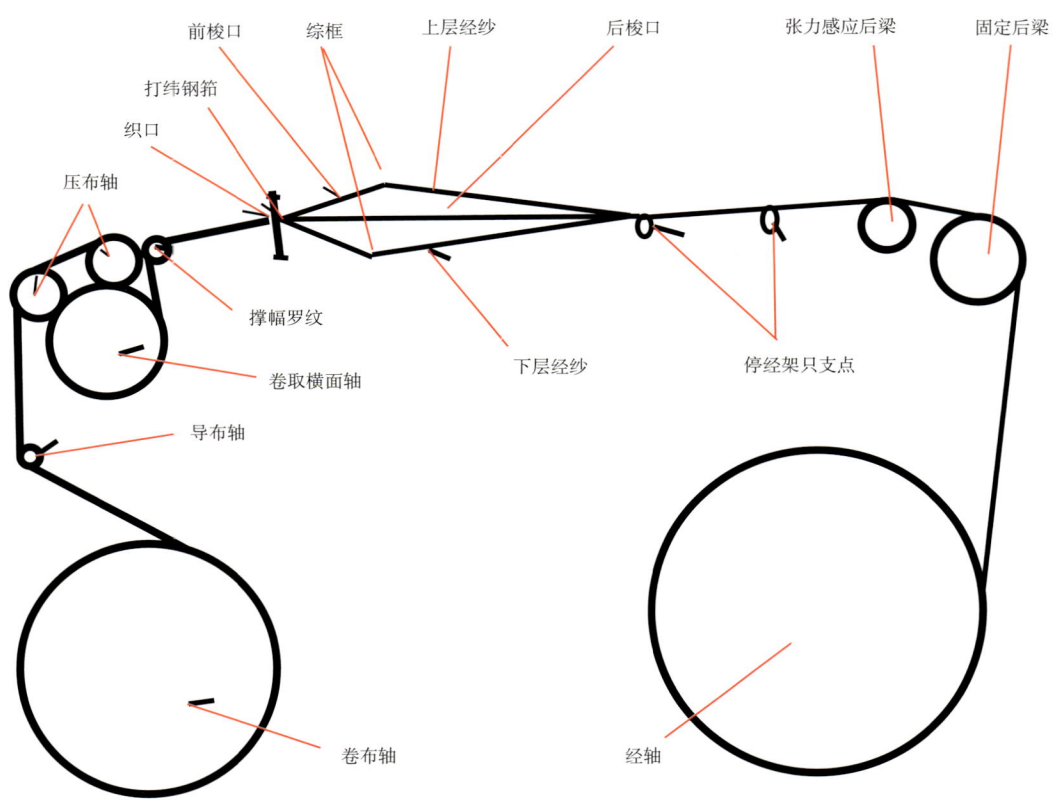

图二　基诺族腰机织布原理示意图1

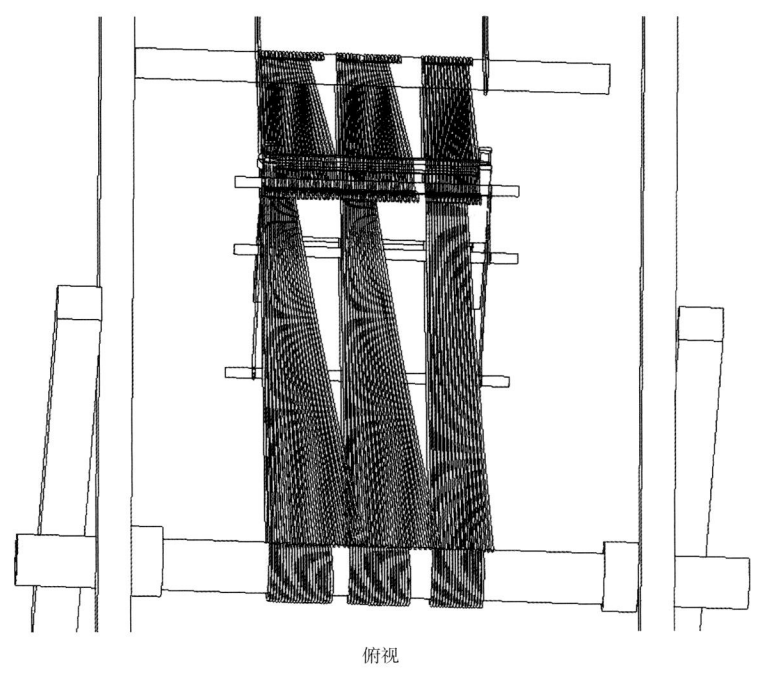

俯视

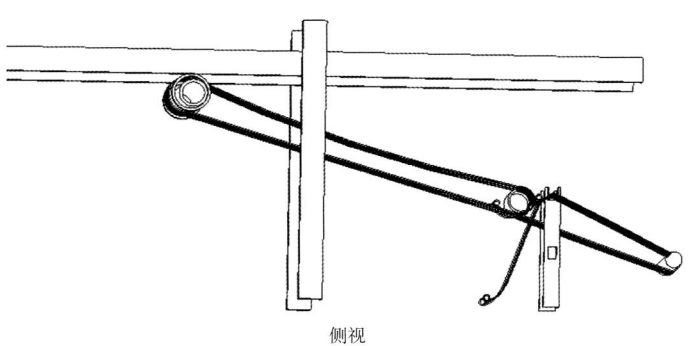

侧视

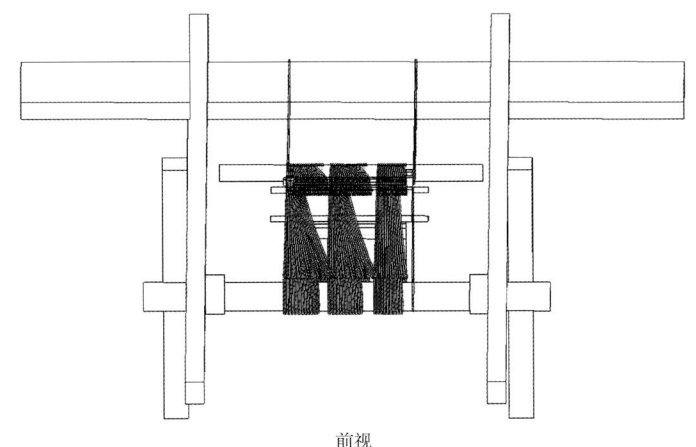

前视

图三　基诺族腰机三视图

图四　基诺族腰机结构名称图

图五　基诺族腰机织布流程图

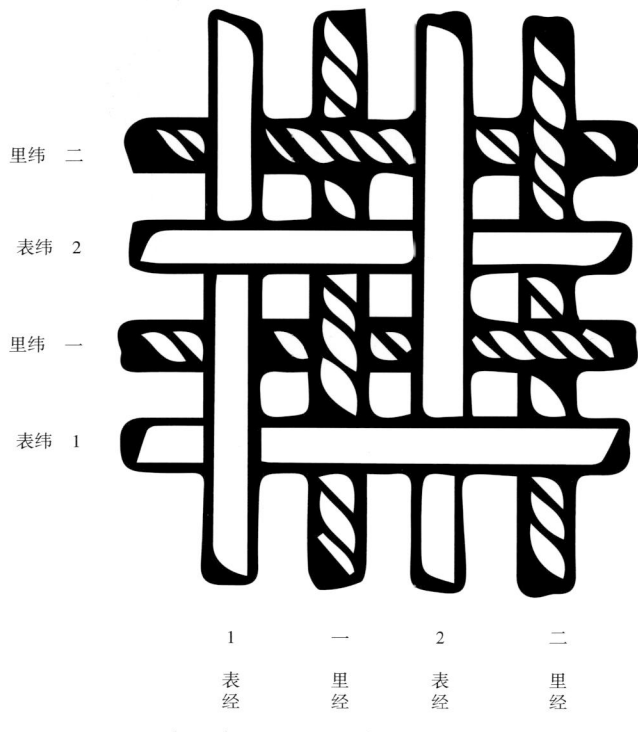

图六 基诺族腰机织布纹路示意图

基诺族铁犁

图一　基诺族铁犁主图

基诺族的生产工具虽然原始，但却是最适应当地环境、使用最方便灵活的，这充分体现了环境与人类社会发展之间的紧密相连且不可分离的关系。基诺族的耕作方式一般由一人用木棒或刹铲戳洞，另一人在洞中点种，耕作效率低，作物产量小。随着生产力的提高，基诺族人也逐步由粗放的刀耕火种方式过渡到较为精细的犁耕方式。而基诺族人有打铁的传统和技术，进入犁耕时代之后，犁铧也很快被打制出来，安装在木犁上，结合畜力使用，更有效地提高了耕地速度和精细度。

基诺族的铁犁由铁质犁铧和木质犁架组成，犁架常选用质地细密紧实、直径为10~15厘米的木材制作。犁架包括犁底、犁辕、站正、驾辕扶手等组成部分。铁犁犁底是指贴近地面的长木条，一般长1.8~2米，犁底的前端套装上铁质犁铧，犁铧一般与地面成45度角，以便划开泥土。犁底的后端安装扶犁把，高60~70厘米，略向后倾斜；犁把上端安装用于扶正铁犁前进的驾辕扶手，与犁把呈T字形以便扶握。在犁把距地面约50厘米处开卯孔，将弯曲的犁辕插入孔中，一般用楔木塞紧固定，使犁辕呈前低后高状。另在犁辕中部和其垂直向下的犁底相应处分别开卯孔，插入被称为"站正"的连接杆件，也用楔木固定。这样，犁底、犁辕和犁把、站正就形成了稳定的连接。犁辕的前段开孔洞，将一根长度为40~50厘米左右的木棒穿插进去，与犁辕呈十字交叉；木棒两侧固定绳索，连接套在耕牛身上。

使用铁犁进行耕作时，将犁辕前端的绳套套上耕牛，借助耕牛行进的力量在前牵引，人在后方一般只需抓住扶手扶正犁辕，使犁底在地面滑行前进。这时铁犁的犁铧斜插入地，前行时划开泥土形成地沟，耕作完毕后在地沟中点种即可。

基诺族人在社会发展过程中，逐步摆脱了原始的刀耕火种的方式而采用铁犁耕作，省时省力，耕作效率大幅提高。基诺族人的铁犁虽然构造比较简单，但比较实用。与原始耕作方式相比，铁犁耕作相对细致，可以大大提高粮食及经济作物等的产量，从而改善基诺族人的生活水平。

图片来源
图一、图三、图四　施魏祥　摄影
图二　施魏祥　制图

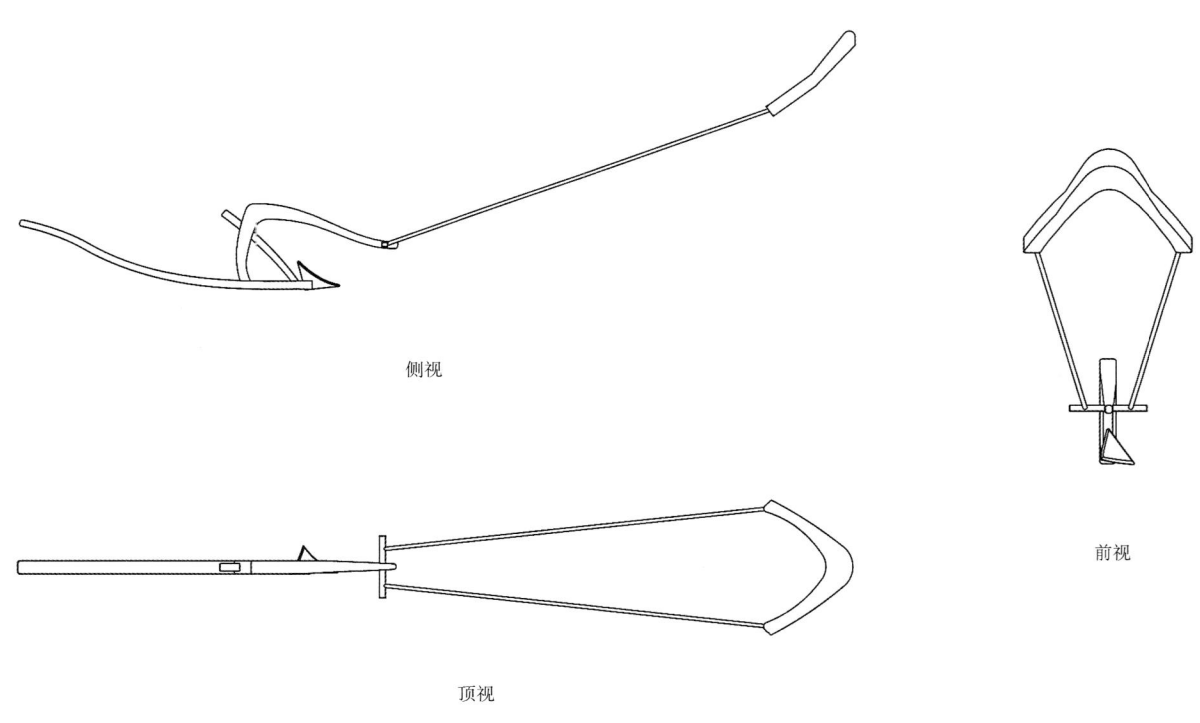

侧视

顶视

前视

图二　基诺族铁犁三视图

图三　基诺族铁犁之打制犁头的冶炼炉情境图

图四　基诺族铁犁之打制犁头情境图

基诺族泥弹弓

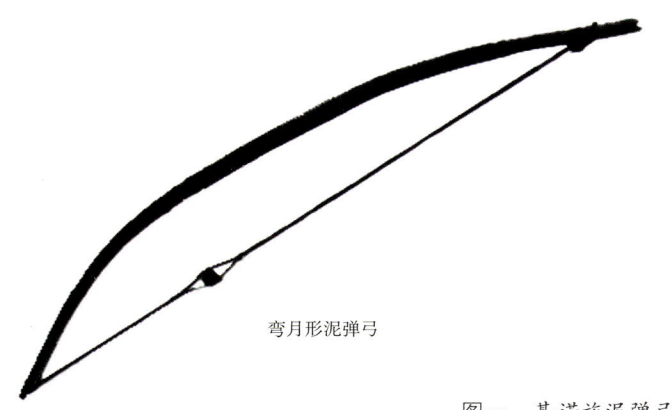
弯月形泥弹弓

泥弹

图一　基诺族泥弹弓主图1

基诺族经济生产的主要形式是以"刀耕火种"为主要手段的山地农业，采集和狩猎仍是基诺族人一项重要的家庭副业。近几十年来，随着社会经济的发展，基诺族人逐步改变了这种经济生产方式。

基诺族聚居区的主要农作物是旱稻、玉米，种植棉花也有较长的历史，还盛产香蕉、木瓜等亚热带水果。基诺山是出产普洱茶的六大茶山之一。基诺族人非常善于狩猎，这是基诺族男子的一项基本技能。衡量基诺族男子能力的主要标志，就是猎获动物的多少、狩猎知识和经验是否丰富等。

泥弹弓由弓与泥弹两大部分组成，是基诺族人经常使用的狩猎工具之一，与基诺族人生产劳动的关系异常紧密。在生产劳动时，可以使用泥弹弓驱赶离群的牛羊，也可驱赶偷吃庄稼的野鸟，还可以用泥弹弓打落树上的野果以供捡拾。在农闲之余，还可以利用泥弹弓举行娱乐比赛，这也是基诺族的一种流传至今的民间娱乐和体育活动。

弹弓的形制大致有弯月形和丫字形两种。弯月形泥弹弓类似常见的弓箭，弓体一般是用竹片做成的，一般长1~1.2米、宽3厘米左右。竹片中间略宽，两头细，形似弯月，也可以根据使用者的身高决定弹弓的主体长度。弓弦常用竹篾制作，宽3~4毫米，中间编一个小方框，是安放弹丸的地方；也有用动物筋条制作弓弦，然后套在弓体的两端。泥弹丸用粘土搓成，5~10毫米大小，一般用阴干的方式，这样处理的泥弹丸十分坚硬。打这种弹弓时，采取类似射箭一样的姿势，先把泥弹丸放入弓弦上的方框内，然后一手持弓，另一手拉弦的同时捏住小方框里的弹丸，用力向后拉开弓弦，拉弦的手还要稍稍朝一旁错开，以免打着前面持弓的手。对准目标后，放开弓弦将泥弹丸射出。

丫字形弹弓是一种手持式弹弓，形制很常见。常常取一个"丫"字形的树杈，枝杈的下部一般稍粗以作为把手，上部分杈的两端拴上具有弹性的胶皮、牛皮条等，皮条中间略宽，便于放置泥弹丸。使用时，一手握紧下部把手，另一手向后拉紧装上弹丸的皮条，瞄准后将泥丸弹射出去。

这两种形制的弹弓在基诺族中仍十分流行，既可以用于生产放牧时驱赶牛羊群，也可以作为小孩子平日玩耍的玩具。而在节假日期间，基诺族人都会举行泥弹弓比赛。泥弹弓的比赛形式主要分为站姿、跪姿，规定射击次数，以射远、射准为胜负标准；射中目标多者为胜。射击靶上一般点有蜡烛或香，技艺高超者甚至能打中远处的蜡烛火苗或者燃着的香头。

泥弹弓是基诺族传统体育中特有的弹射项目，在云南其他民族中也有类似活动，而基诺族使用的弹弓与汉族使用的也基本相同。其制作简单，使用基本不受场地等限制，开展活动方便。因此，可以作为推广的基诺族传统体育项目之一，对于保护基诺族优秀的民族文化，进一步地传承、保护基诺族传统体育项目具有重要的意义。

图片来源
图一、图二　施魏祥　摄影
图三至图八　施魏祥　制图

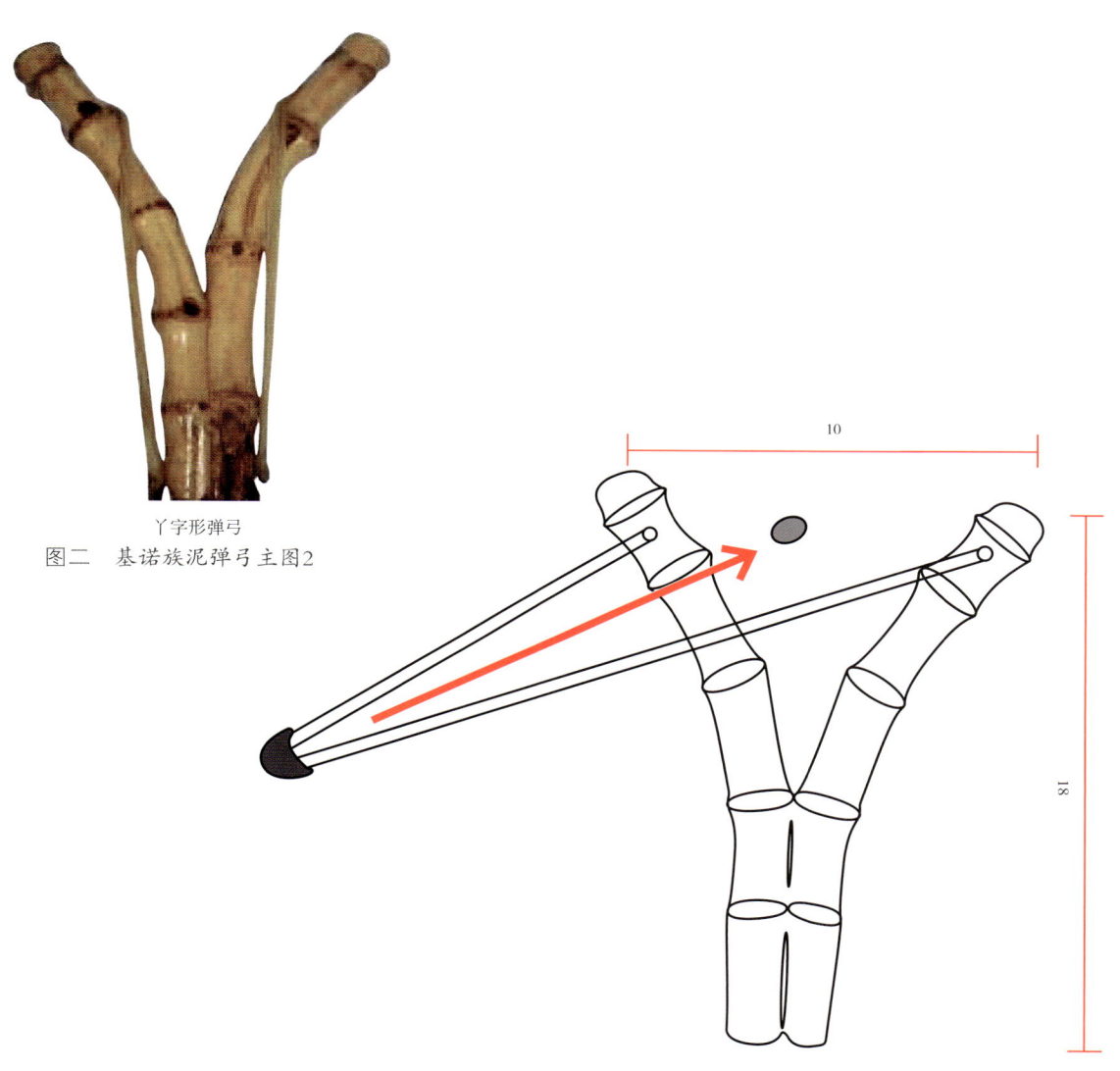

丫字形弹弓
图二　基诺族泥弹弓主图2

图三　基诺族丫字形泥弹弓尺寸图（单位：cm）

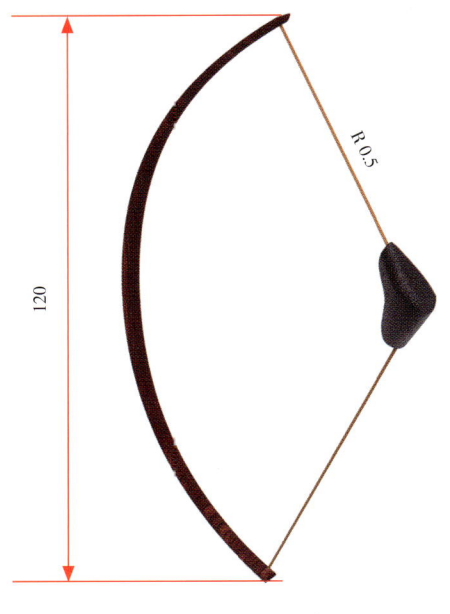

图四 基诺族弯月形泥弹弓尺寸图(单位:cm)

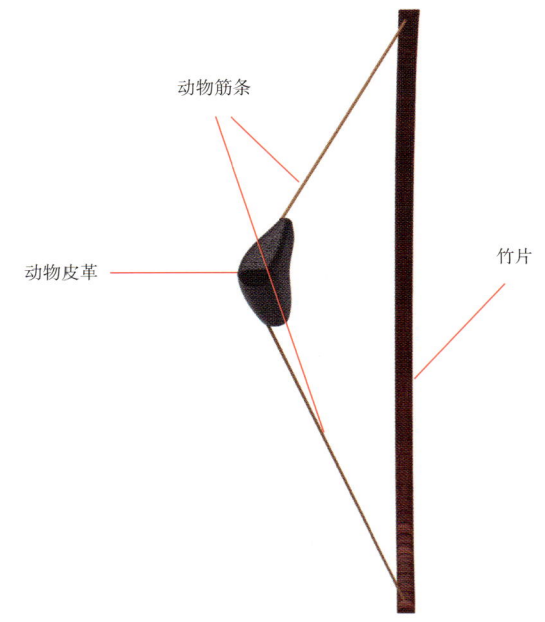

图五 基诺族弯月形泥弹弓制作材料名称图

图六 基诺族泥弹弓跪姿使用示意图

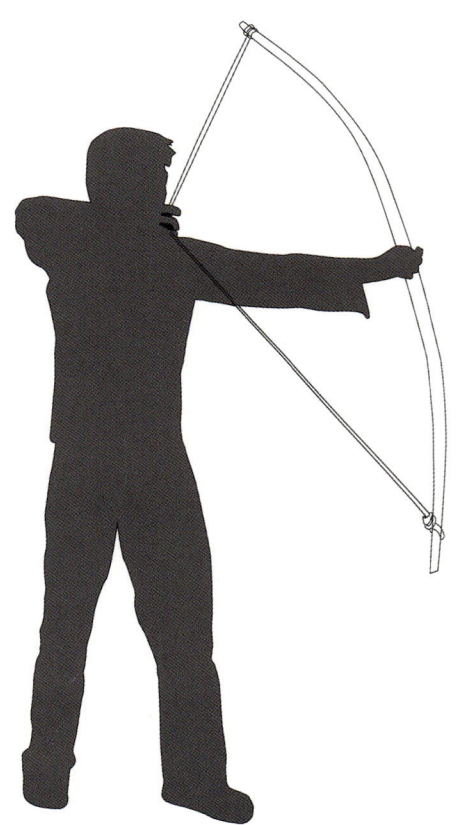

图七 基诺族泥弹弓立姿使用示意图

图八　基诺族人使用泥弹弓情境图

基诺族木耙

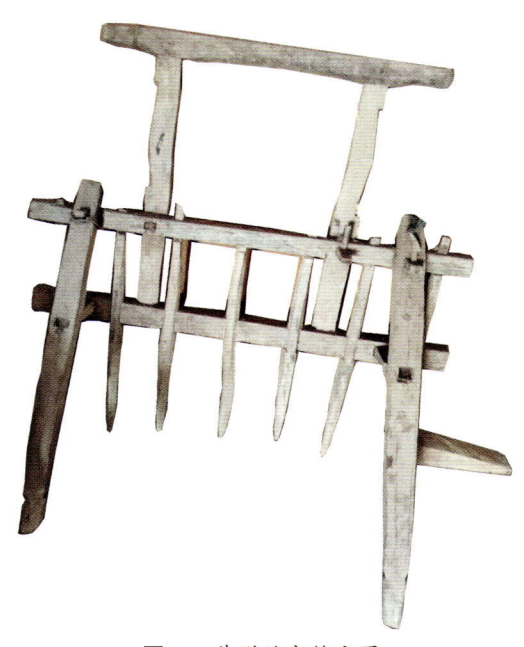

图一　基诺族木耙主图

基诺族人聚居地位于西南基诺山山区，气候潮湿温热、土壤肥沃，山势虽为陡峭，但山间部分平坦地区非常利于当地农业发展。基诺族主要粮食来源是水稻，并且其农作工具也极具当地特色，木耙是当地人用于耕地播种必不可少的工具。

木耙是通过木耙下部分的尖齿，破碎土地；上部分的横木可以用来平整碎土，在耕地耙地之后，使土面更加平整，土壤更加细致。元代《王祯农书》记载，耖高达三尺多，宽四尺，上有横柄，下面排列着一列齿，其齿比耙齿长、而且排列更密。文中的"耖"与基诺族人的木耙功能、结构相似，可见该工具的源远流长。

基诺族较典型的纯木质耙为"一耙一人一牛"式。整体结构由横梁、扶手架、耙齿、牛轭拉杆等部件组成。此木耙高约130厘米，齿间长约35厘米，横木距离中心轴处约40厘米。整个木耙采用木构件相连接，杆件之间相互连接的方式最为精妙。采用木钉的穿插和"宽口紧内"的孔眼，使得整个结构非常牢固。

木耙通过铁链与耕作的水牛连接，劳者在身后挥动皮鞭，水牛带动木耙向前犁地。划过的土地由于尖齿作用，土地被破碎翻出，劳者就可以将种子播撒到田地中。除此之外，牲畜在水田中反复拖动，牵挽前进，直至将水田中的土壤疏通并整平，实现碎土、覆土及平地的作用。

图片来源
图一　施魏祥　摄影
图二至图四　施魏祥　制图

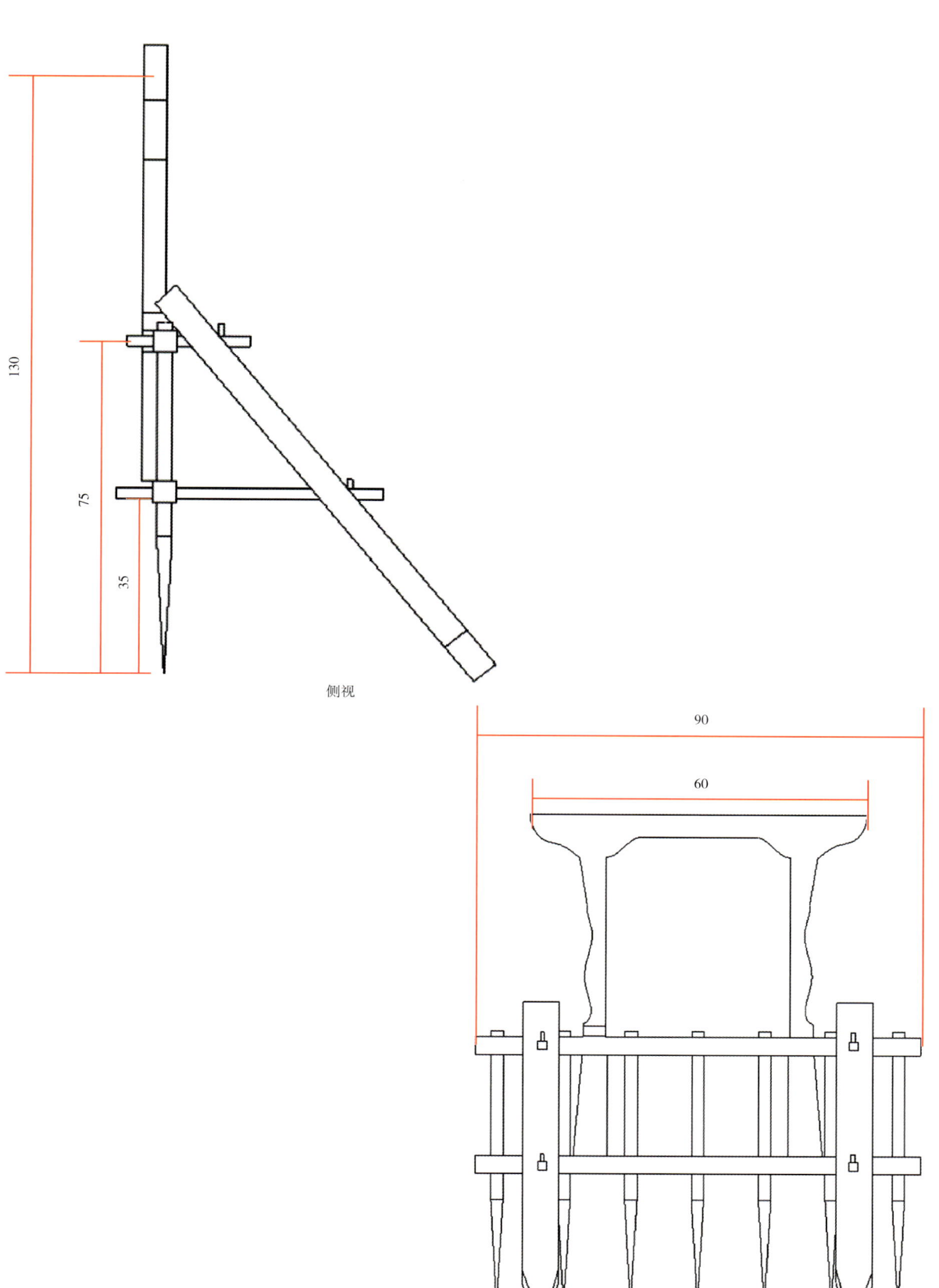

图二　基诺族木耧尺寸图（单位：cm）

171

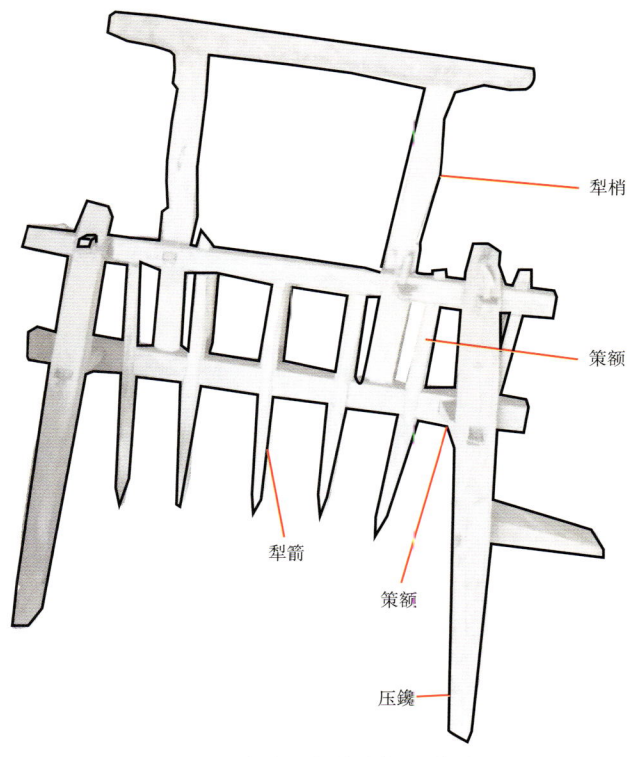

图三　基诺族木耧结构名称图

图四　基诺族木耧使用示意图

第六章 基诺族传统手工艺

基诺族砍刀布

图一　基诺族砍刀布三图

基诺族的传统手工业规模小，尚未形成商品生产，基本上还是自己自足经济的一种补充，也没有完全从农业中完全分离出来，纺织一直以来都是基诺族妇女的一项基本技能。在基诺族，有一种用腰机织出的布，基诺族人称其为"砍刀布"。

居住在云南西双版纳地区攸乐山的基诺族，家家户户都有一种比较简易的、被称为"腰机"的织布工具，虽然织布技术较为原始，但勤劳善良的基诺族妇女织布的技术很高。一般情况下，做衣服都是先把布剪成需要的尺寸再行缝制，但是，基诺族用砍刀布做衣服时是先量好尺寸，然后再按需要的尺寸织布。基诺族织的布不仅有纯棉的，也有棉麻混纺的；从颜色上区分有白色的，也有青黑色的；从织布的技术来看，有单色织的，也有白、黑、红等色混织的。虽然织砍刀布的方式原始简单，速度比较慢，幅宽受到限制，但是，用腰机织出的砍刀布结实耐用，还可以根据需要随意选择色彩和编织一些简单图形。织布时，人席地而坐，用双脚紧蹬拴着经线的绳子，经线一头拴在自己的腰上，另一头拴在对面的两根木棒上，用双手操纵着细竹棍制成的、连着纬线的纬梭左右来回穿行，纬梭来回穿行后就用木片推紧，周而复始就织出了看上去虽然粗糙不润滑、无光泽却厚实耐用的布匹。由于推紧纬线的木片形如砍刀，因此这种布匹得名"砍刀布"，是基诺族的主要衣料之一。在基诺族山寨，一个技术娴熟的基诺族妇女，一天能织六至七尺布。基诺族人可以织出斜纹布、平纹布，也可以将棉线染成红、黑、蓝等颜色，与白线交替使用，就可以织成各种条纹的花布彩锦。无论是缝制上衣、筒裙、包头巾、还是制作背小孩的背带、裹腿布等，所有的布料都是出自于基诺族人自己织的砍刀布。

图片来源

图一、图五　乔宁宁　摄影
图二至图四　乔宁宁　制图

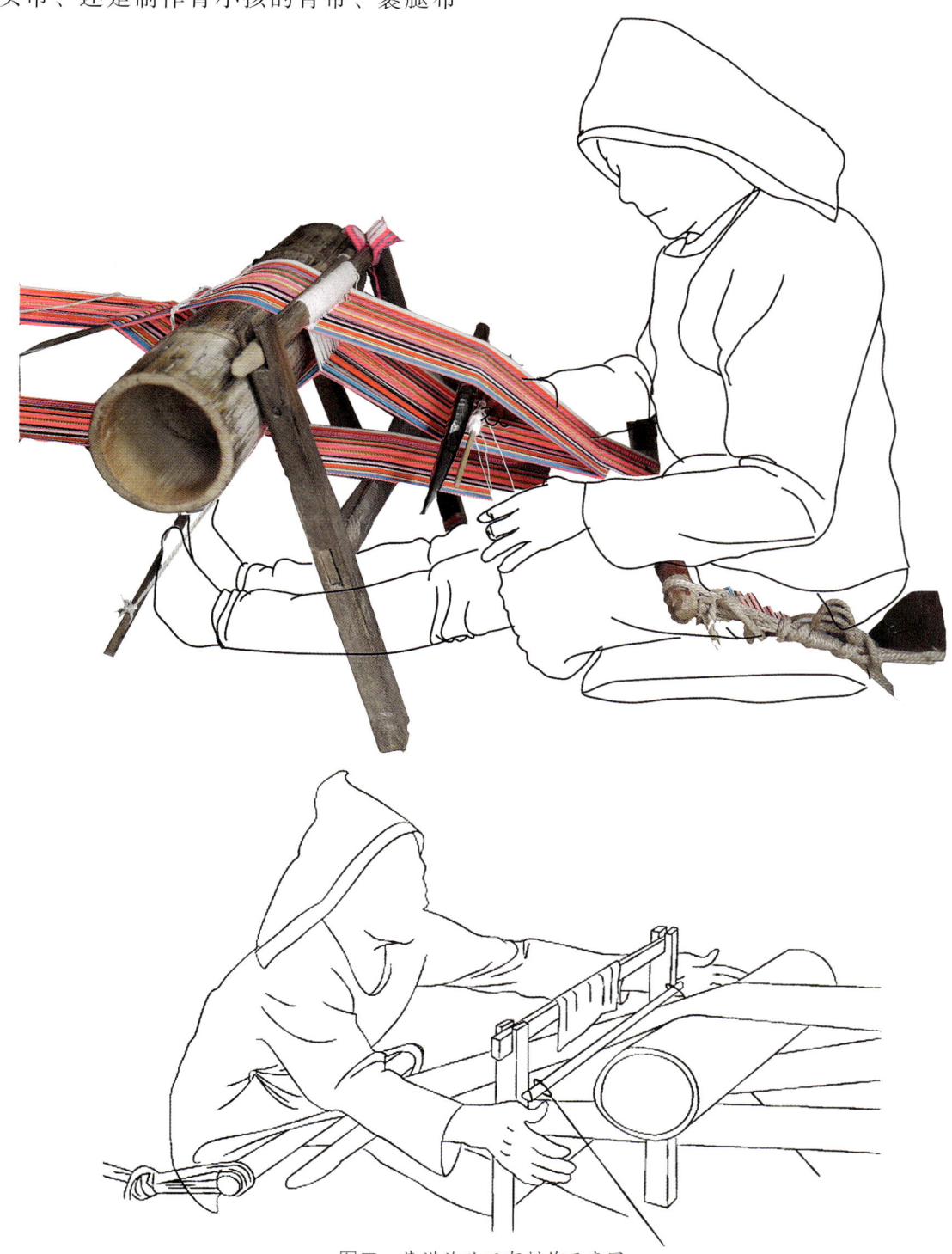

图二　基诺族砍刀布制作示意图

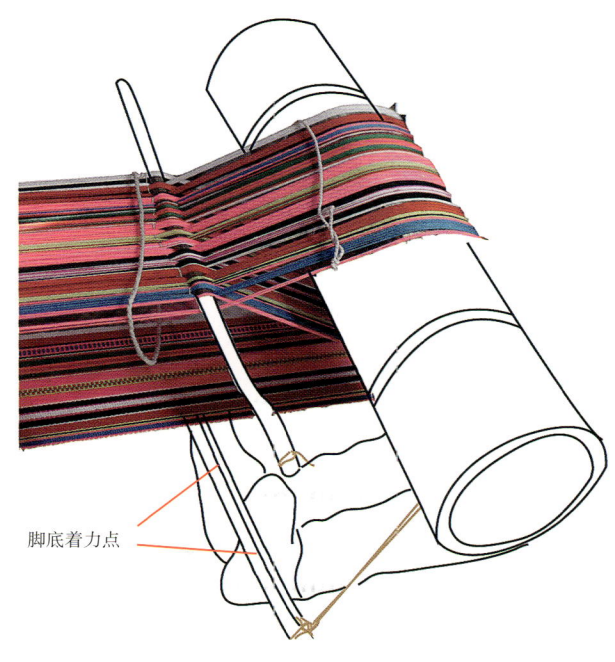

图三　基诺族砍刀布制作脚部着力点示意图

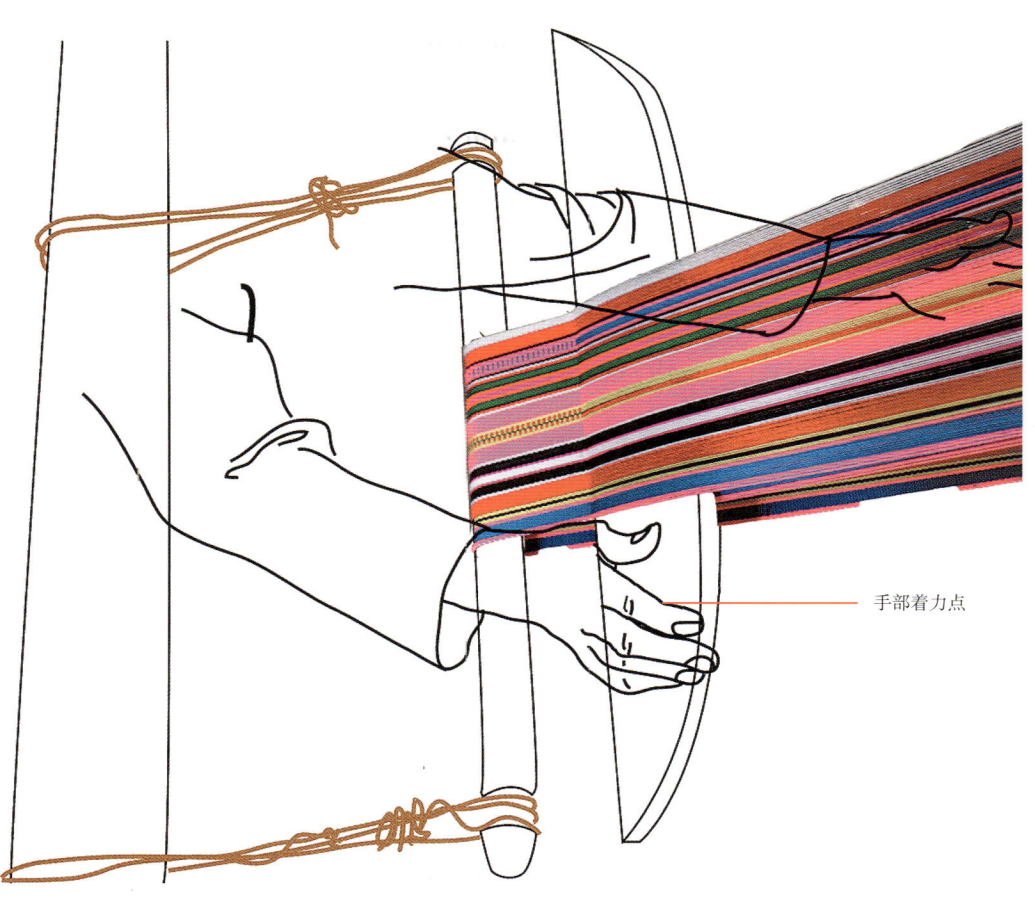

图四　基诺族砍刀布制作手部着力点示意图

图五　基诺族人制作砍刀布情境图

基诺族日月花饰

图一　基诺族日月花饰主图

日月花饰是基诺族成年男子上衣的背部装饰。每个男子在衣背中央均缝缀着一块彩色图案，基诺族人称之为"波罗阿波"，意为太阳花或月亮花，即日月花饰。

在基诺族传说中，一直认为其祖先受到诸葛亮（孔明）的恩惠，学到了种茶、盖屋等生存本领，所以日月花饰又称为"孔明印"，以示对孔明的崇敬和怀念。基诺族人也崇拜太阳和月亮，认为日月是万物生长的希望；而父母正像日月一样，为子女提供了物质依靠和精神支撑，是成长的依靠。因此，在衣服上缀饰日月花饰，也有祈福和感恩父母之意。

日月花饰由圆形图案和底布组成，底布是黑色18厘米见方的黑布，先将直径10多厘米的圆形图案绣在黑布上，然后再缝于男子上衣的背部。

圆形图案用丝线绣制，为了与黑色底布形成对比，主要采用红、黄、绿、白等较为明亮的色彩。最常见的图案是放射状的各色线条，好似太阳的光芒；有的线条则比较柔和，好似月光一般，这体现了基诺族人对日月的崇拜之心。在主图案旁，有时还会绣上一些几何花纹或兽纹，使整个花饰形式更丰富，也能体现一定的村寨特征。

日月花饰是基诺族男子成年的标志，也有类似村寨族徽的作用。凡年满十五六岁的男孩，需经过一系列庄严隆重的成年仪式，穿上缀有日月花饰的成年人衣服，才算成为正式村寨成员，在家族中拥有相应的权利和义务。同时，基诺族青年穿上这种带有日月花饰的衣服，就意味着有了谈情说爱的权利，才能参加男女青年之间的各种活动。

日月花饰不仅仅是一种服饰上的图案，它更是基诺族人精神崇拜和审美心理的历史沉淀及抽象体现，在当代的服装设计中依然有着极大的借鉴价值。

图片来源

图一　谢海波　摄影

图二至图七　谢海波　制图

图二　基诺族服装上日月花饰展开示意图

图三　基诺族日月花饰图案示意图

图四　基诺族日月花饰色彩示意图

图五　基诺族日月花饰造型分析图1

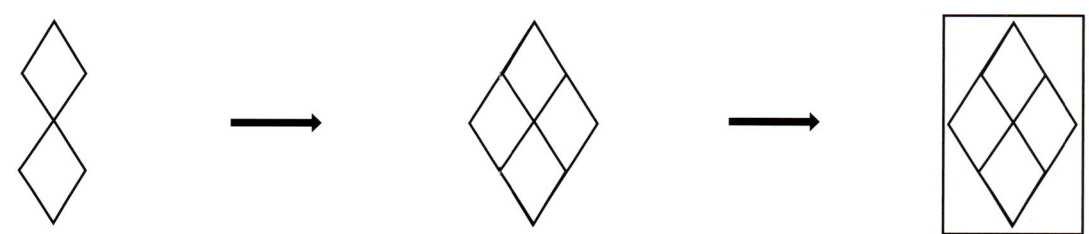

图六　基诺族日月花饰造型分析图2

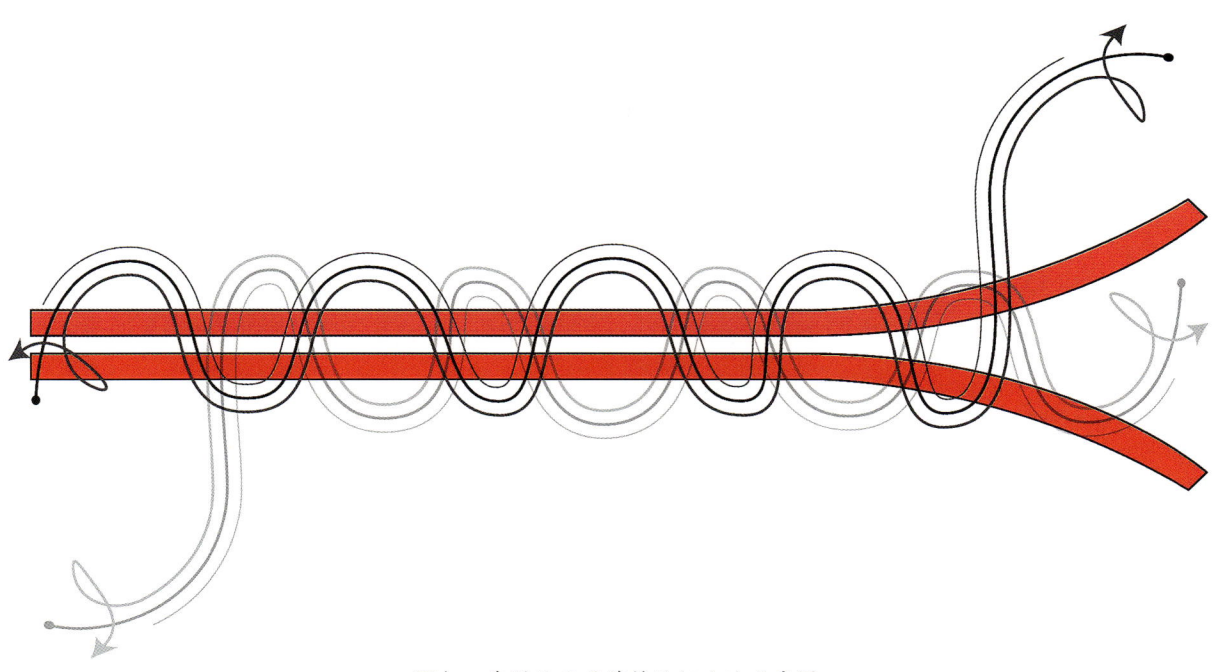

图七　基诺族日月花饰编织方法示意图

基诺族打铁

图一　基诺族打铁主图

　　砍刀、剁铲、钐刀、弯刀、镰刀、火镰、小手锄等是基诺族人的主要生产工具。为适应生产的需要，铁质生产工具应运而生，故基诺族的铁匠与他们的铁匠铺子是整个民族聚落中不可或缺的一部分。

　　基诺族每10~20户人家为一个小型聚落，铁匠铺一般位于整个家族村落的中心位置，是群落中的重要中心聚集地。铁匠铺子的主要陈设包括：火炉、风箱、炉火台、淬火水桶、打铁锤与夹具、器具陈放处等。

　　铁匠的日常工作就是新铸与修理铁器。新铸铁器时，铁匠首先需要将生铁或者其他合金材料放入炉火中煅烧，使用风箱往炉火台中送风。达到一定的时间和温度的时候，将煅烧的铁块拿出，反复锤打至工具的形状，然后放入淬火水桶中进行冷却与定型。最后，用锤子将基本定型的工具进行二次捶打，提高锋利度和韧性。修理主要包括清理铁锈和修复破损工具：清理生锈的铁器主要是依靠在磨石上重新打磨，一边打磨、一遍洒水，可以恢复刀刃的锋利。修理破损的铁器需要重新放入火炉煅烧，再经锤炼台反复敲打，方可重新使用。

特别值得一提的是基诺族铁匠铺中的风箱，其用材、构造都与一般风箱不同。普通的风箱是由一个木箱、一个推拉的木制把手和活动木箱组成的。基诺族铁匠的风箱是由当地竹子所制成的。主体构造是一个直径约为15厘米粗的竹筒，前后两个底面留有出风口和进风口，竹筒内部有一个推拉的竹制把手作为抽风的活塞，推动竹竿，可以往竹筒风箱内抽入空气，拉回竹竿，将风箱内空气压入炉火台中。竹制风箱相比起一般的风箱，更为轻便灵活，并且使用当地毛竹作为材料，就地取材，经济便捷。

铁匠在基诺族的习俗中是最神圣的职业，因为基诺族的生活离不开各种铁具，而各种各样的铁具要经铁匠的千锤百炼才能从生铁变成可用于日常劳作的工具。铁匠的技术为山地农业和狩猎所必需，因而受到人们的尊敬，除了日常的修理与新铸工作外，铁匠在社区仪式上还有这一定的宗教职能，需要在节日期间进行祭祀仪式。基诺族有一个节日名为"特懋克"，意思是打铁的地方，是对铁匠的纪念与致谢。

图片来源
图一至图四　李迪　制图

送风

煅烧

捶打

冷却定型

二次捶打

图二　基诺族打铁制作流程图

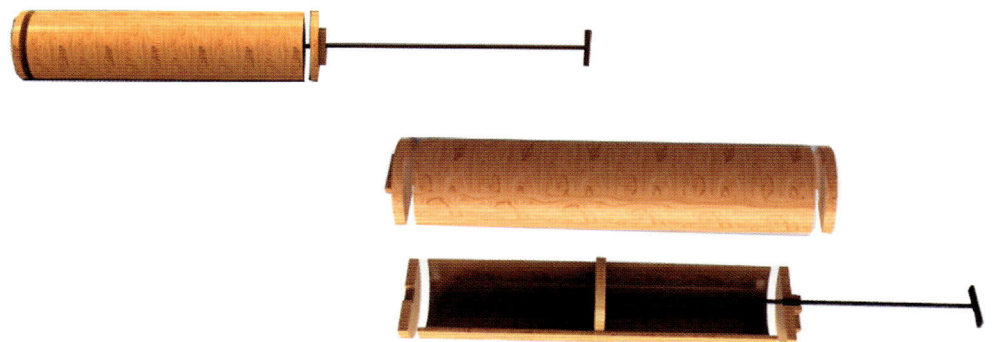

图三 基诺族竹制风箱剖面图

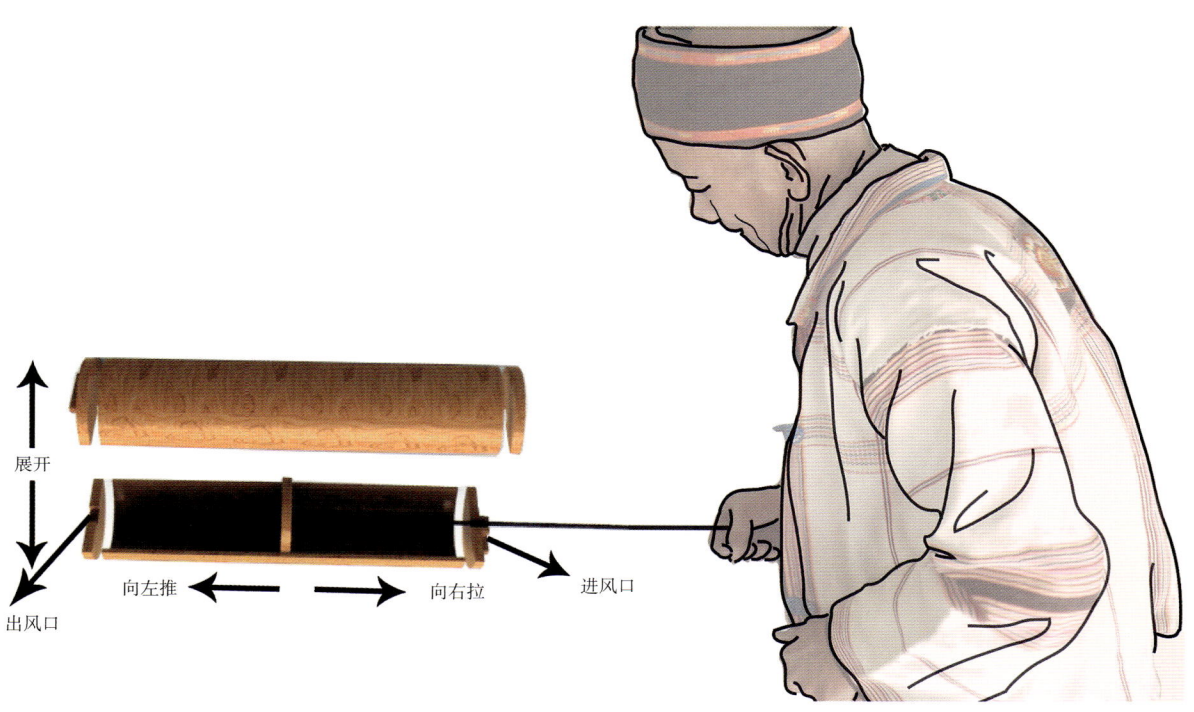

图四 基诺族竹制风箱使用示意图

第七章 基诺族传统民俗和宗教造像

基诺族高跷

图一　基诺族高跷主图

踩高跷是基诺族人的一项传统体育项目，通过类似的比赛既强健体质，又可以增加男女青年接触的机会。高跷，又有"脚把""拐子""柳木腿""高脚马"等多种地方性称谓。

基诺族人高跷的出现可能起始于基诺族人早期在森林里采摘山珍野果时，常常需要借助树木枝杈进行登高，类似使用梯子。这种生活的技能随着社会的发展，逐渐演变成为一种生活、生产中的原始高跷。在后期，这种高跷不再用于生产活动，而是成为一种休闲活动器具。

基诺族的高跷与其他地方常见的高跷不一样，一般需以双手持高跷的顶端，上下及行动的姿势具有动感而且活泼风趣。基诺族人采用硬木等质地坚实的材料来制作高跷。一副高跷由两根直径为3~5厘米、长为180厘米以上的圆杆加上脚踏组成。脚踏一般为单层，水平固定在圆杆上，脚踏式样和离地高度可根据需要决定，一般以既便于蹬踏，又利于行走为宜；也可以设计制作多层、两侧或顶端等类型的脚踏。但应注意，脚踏与杆体的连接必须钉接牢固，一副高跷的脚踏高度应一致。为增加整体刚度，脚踏与圆杆之间会用一根木头作为斜撑，斜撑与圆杆之间还会用绳索联系固定，以加强整体的稳定性。

高跷不仅是基诺族节庆时候的表演活动，也可以是竞技项目，其竞技方法有竞速、对抗、竞艺等形式。目前，高跷竞速已被列为全国少数民族传统体育运动会的竞赛项目。随着该项运动的广泛开展和竞技水平的不断提高，人们对竞技高跷要求也不断严格。在器材方面，从造型到制作工艺都进行过多次大胆的改进与创新，现今的高跷已摆脱过去那种简单、粗糙的模式，在原来基础上向更具科学化、合理化方向改进。仅踏镫的形状目前就有好多种，还有对踏镫与撑杆的连接形式、手柄的形状及其与撑杆的连接形式、防滑钉的安装等改进与创新。新的高跷器械对高跷运动的发展有促进作用。

图片来源
图一至图四　田炎梅　制图

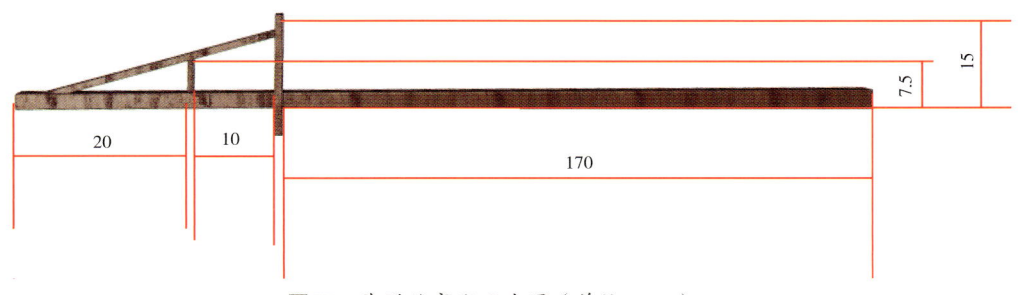

图二　基诺族高跷尺寸图（单位：cm）

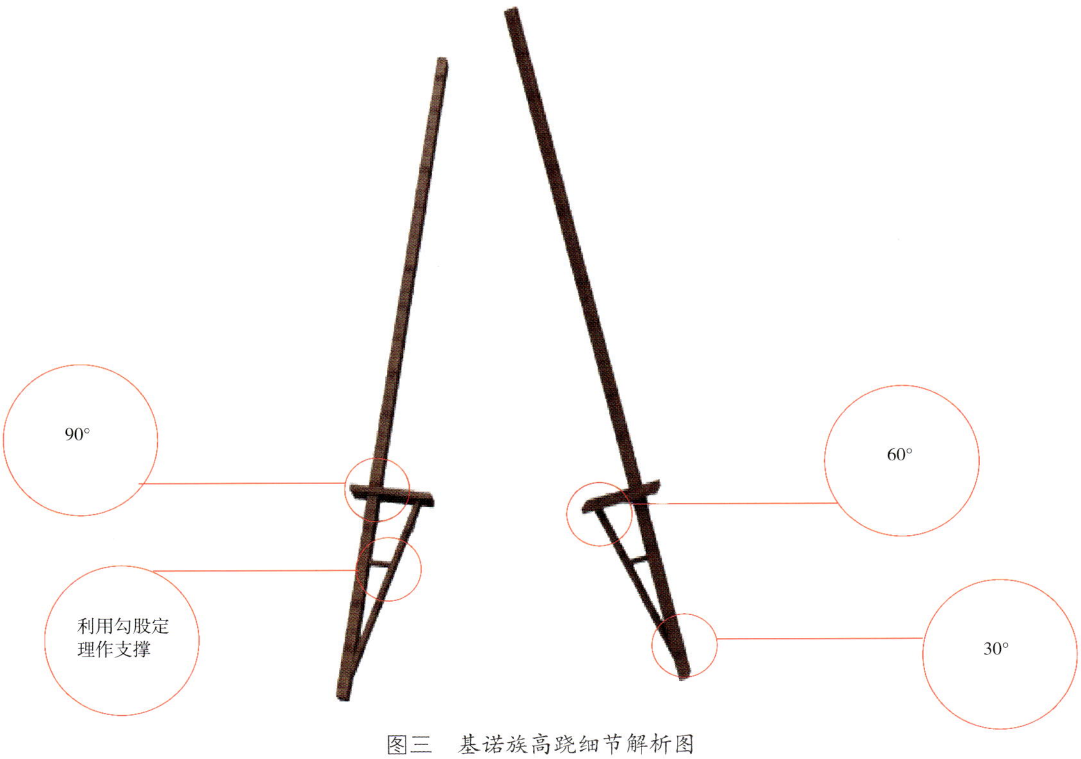

图三　基诺族高跷细节解析图

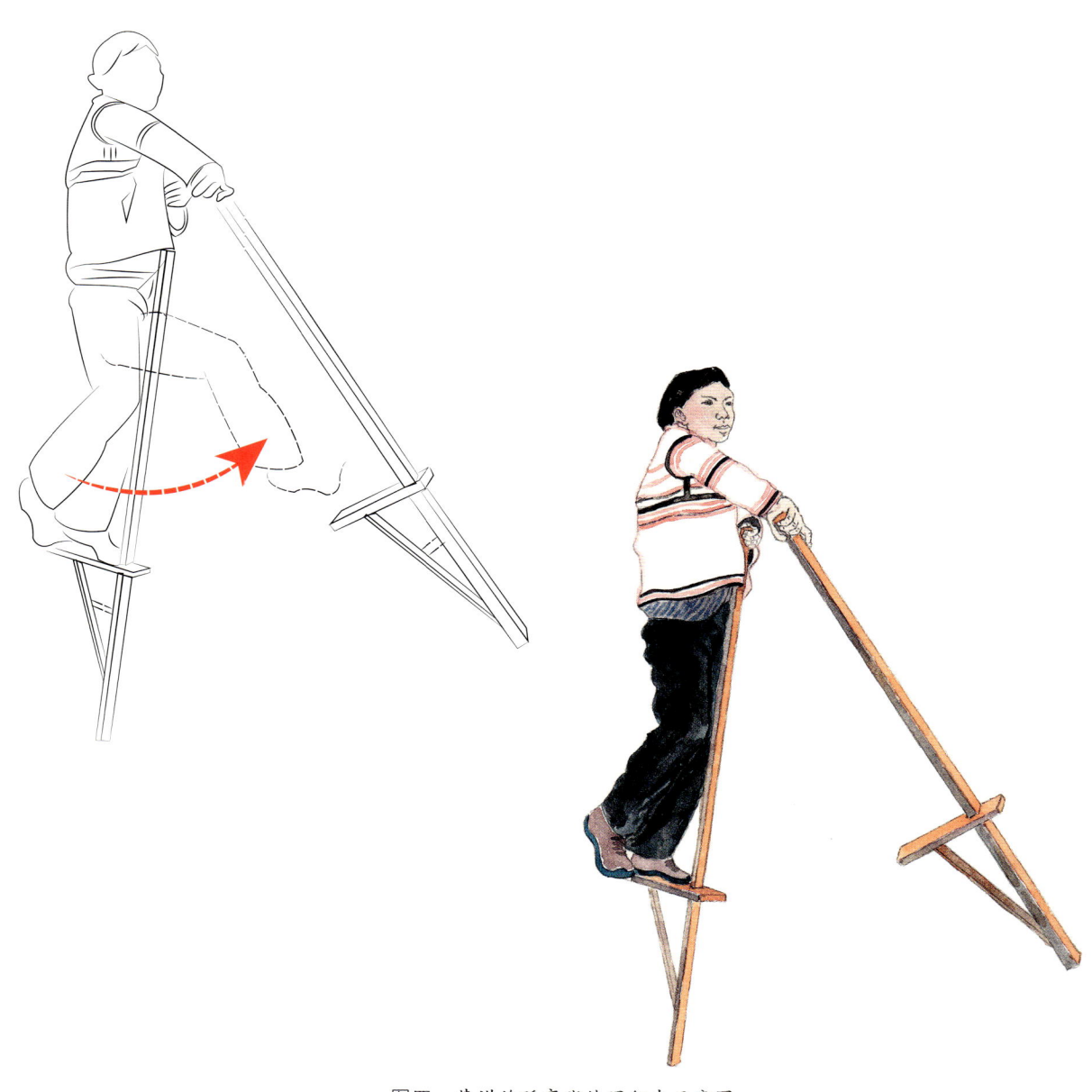

图四 基诺族踩高跷使用行走示意图

基诺族太阳鼓舞

图一　基诺族太阳鼓舞主图

太阳鼓舞，也称大鼓舞，基诺语称"厄扯歌"，最早称为"白腊泡司土歌"，其中"白腊泡"是巫师，"司土"是寨名。基诺族创世史诗说司土寨最早的女始祖叫米里几得，是一位神通广大的白腊泡，大鼓舞的创作者。大鼓舞开始是一个独舞。现在跳的"厄扯歌"是在"司土歌"的基础上发展起来的。

基诺族视太阳鼓为神灵的化身、村寨的象征，是基诺族的礼器、重器和神物，基诺族人认为它能保佑全寨人丁兴旺、五谷丰登。平时将其供放在大长老卓巴和地位仅次于卓巴的另一长老卓生家里的神柱上，任何人均不得随意触摸、敲击。只有过年时和过年跳大鼓舞时，以及某些特定的场合才能敲击。多数山寨有大小两种鼓，大的被称为母鼓，放在卓巴家，这个鼓代表寨鬼，不能触动。小一点的鼓被称为父鼓，可以在巫师上任等仪式时搬动，一般放在卓生家。

按照基诺族的习俗，一般在以下三个时候跳大鼓舞：

一是在三月百花盛开祭家神时。祭鼓仪式完毕后，由大长老卓巴敲响铓锣，并将鼓槌交给舞者，舞者接过鼓槌后，到各桌老人面前，请老人舞蹈，老人跳后，青年人才跳。

二是在"特懋克"（即"打铁节"）时，卓巴就把置放在家中的神圣的大鼓挂起来，当晚举行祭鼓仪式。跳大鼓舞时，人们先在卓巴家前搭一祭台，祭台顶用竹篾弯扎成一道"彩虹"，台中画有一幅"洪水故事"中的大鼓，在洪水图画前放置一面舞蹈用的大鼓。当年新选出的铁匠则坐在垫有毡子的竹篾凳上。舞蹈开始时，按惯例由大长老卓巴先向大鼓祭酒，后击鼓舞蹈，然后是卓生，依次在七老和首席铁匠祭鼓舞蹈后，新铁匠必须击鼓而舞。"打铁节"跳大鼓舞，除表现出基诺族对祖先的崇敬外，还表现了基诺族人由原始石器时代的采集、狩猎向铁器时期刀耕火种的农耕时代的转变。

三是村寨长老卓巴、卓生家盖新房时，需搭一个简易草棚放置大鼓，举行祭鼓仪式后，敲鼓三声即可开始舞蹈。

随着社会的发展，基诺族的民俗也有一定改变。比如新中国成立以后，基诺族跳大鼓舞的场所从卓巴家搬到寨场。另外过去跳大鼓舞时，妇女不得参加，只能站在大鼓后面，现今妇女也可站在大鼓前面舞蹈。

基诺族制造大鼓要遵循很严格的程序。牛皮木鼓由一节独木挖成鼓桶，用黄牛皮蒙上，然后用长约30厘米上方下锥形的木钉固定牛皮，露在外面的木钉约20厘米；木鼓四周各外露约17根木钉，犹如铜鼓花纹中的太阳光芒纹。制作牛皮木鼓必须遵循一定的禁忌：男子砍凿鼓桶时和蒙鼓皮时，要在太阳落山后或启明星刚落太阳未出之前，不能见阳光。

跳大鼓舞有一套完整的仪式：舞前，寨老们要先杀一头乳猪、一只鸡，供于鼓前，由七位长老磕头拜祭，其中一人念诵祭词，祈祷大鼓给人们带来吉祥平安。祭毕，由一人双手执鼓槌边击边舞，另有若干击镲、伴舞伴歌者。跳大鼓舞时的唱词称"乌悠壳"，歌词多为基诺族人的历史、道德和习惯等内容，舞蹈动作有"拜神灵""欢乐跳""过年调"等。

大鼓舞的基本动作主要是曲腿、举手、转身。跳舞者先是双脚站自然步，双手握鼓锤自然下垂，然后是左脚前伸，脚跟着地，左膝弯曲，左手握鼓锤举至头顶，而右手握鼓锤垂于右胯；再将左手放下，右手举起，做过转身动作后变换左右脚的姿势。

目前，基诺族太阳鼓舞仍是使用广泛的礼俗之一，其制作、敲击演出、收藏等均具有严格的宗教程序，集中反映了基诺族特有的宗教信仰及宗教习俗。

图片来源

图一、图六　李思绮　制图
图二至图五　谢海波　制图

母鼓

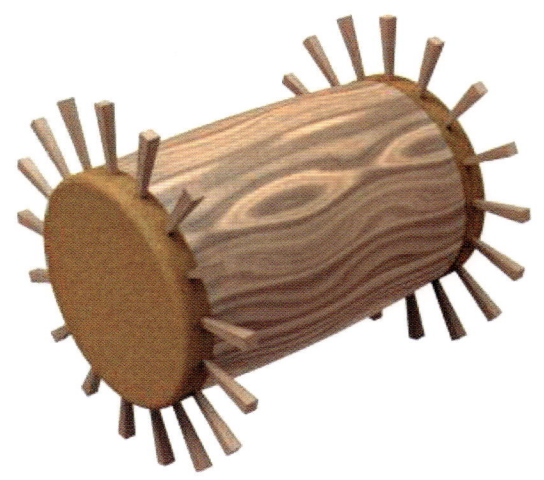

父鼓

图二　基诺族太阳鼓示意图

图三 基诺族太阳鼓剖面尺寸图（单位：cm）

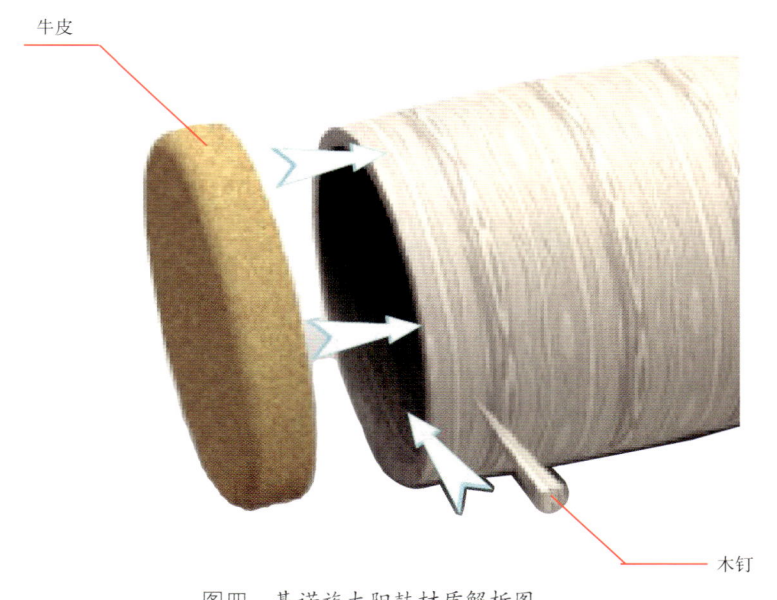

图四 基诺族太阳鼓材质解析图

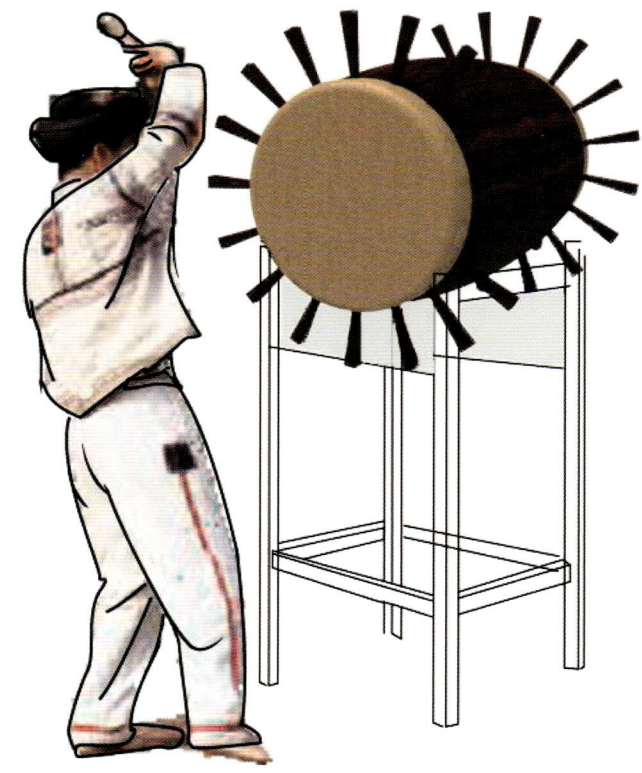

图五　基诺族太阳鼓演奏动作示意图

图六　基诺族太阳鼓祭祀情境图

基诺族独木棺葬

图一　基诺族独木棺葬主图

基诺族的丧葬活动比较简单，一般采用独木棺葬的形式。独木棺是一种原始的葬具，是用一节粗大的树干，从中剖开并挖空而成的。使用时把尸体放进去，把两半合拢，仍呈圆木形状。

基诺族村寨之中，每当有人亡故，则全村男子出动砍倒一颗大树，取其一段，从中间纵向剖开，边缘留10~20厘米，再挖空里面的木质，制作成棺材。基诺族丧葬的整个过程有许多繁琐的仪式，比如棺木出门前和出殡途中，要有驱鬼仪式等。当独木棺入土后，还要放入殉葬品。基诺族人的殉葬品比较多，一般要把逝者生前用过的生产工具、生活用具均置于棺中一起埋葬。

基诺族人的墓地为村寨族人共有。一般墓坑只挖一米多深。埋入独木棺后用土填坑，不留坟头，只在上面盖个小竹屋，用于祭奠灵魂。

基诺族人敬畏鬼神，但为了确保活人的生活方便，他们认为应限制去世之人的行动范围，所以基诺山每个村寨的公共墓地面积一般都比较狭小而且不得扩大，以免给其家族带来不祥。因此，基诺族人通常在每次下葬前要清理墓地，他们可以将已埋了多年的棺木掘出，而且可以拆除原有的小竹屋，不再对原逝者进行供奉。他们认为这些亡灵早已投生而去，可以腾出原来占用的墓地给新故者入葬。

基诺族这一墓葬制度，不仅反映了其民族独特的生死观，也是生者社会的一种影子。独木棺就地取材，制作简单方便，而且废弃时可自然风化，对环境没有影响。这种丧葬习俗虽然原始，但反映了基诺族人对土地和环境的本能的敬畏、可持续循环利用的态度，既有物质上的祭奠，亦有精神上的寄托，体现着人与自然的和谐共生。

图片来源
图一至图八　谢海波　制图

图二　基诺族独木棺三维透视图

图三　基诺族独木棺剖面图

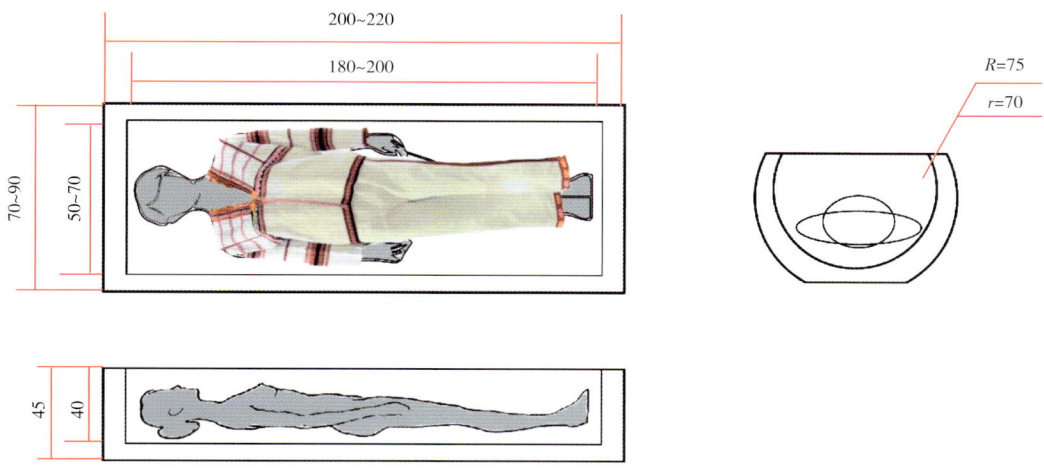

图四 基诺族独木棺平面尺寸图（单位：cm）

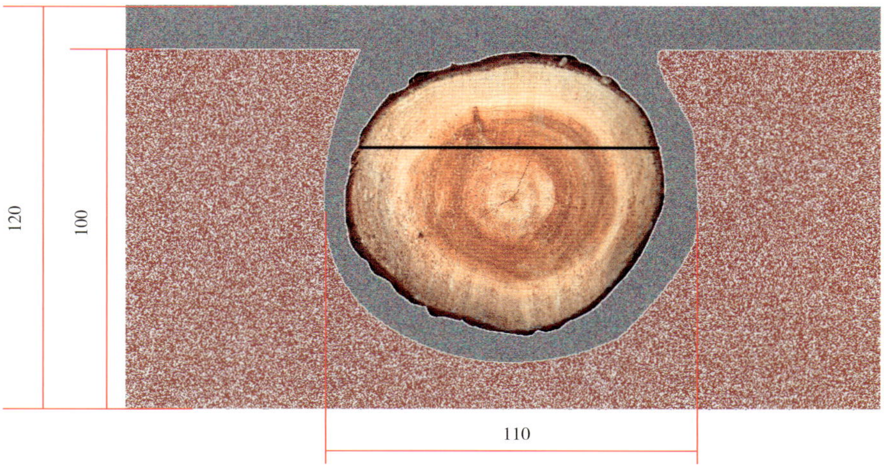

图五 基诺族独木棺葬墓坑剖面尺寸图（单位：cm）

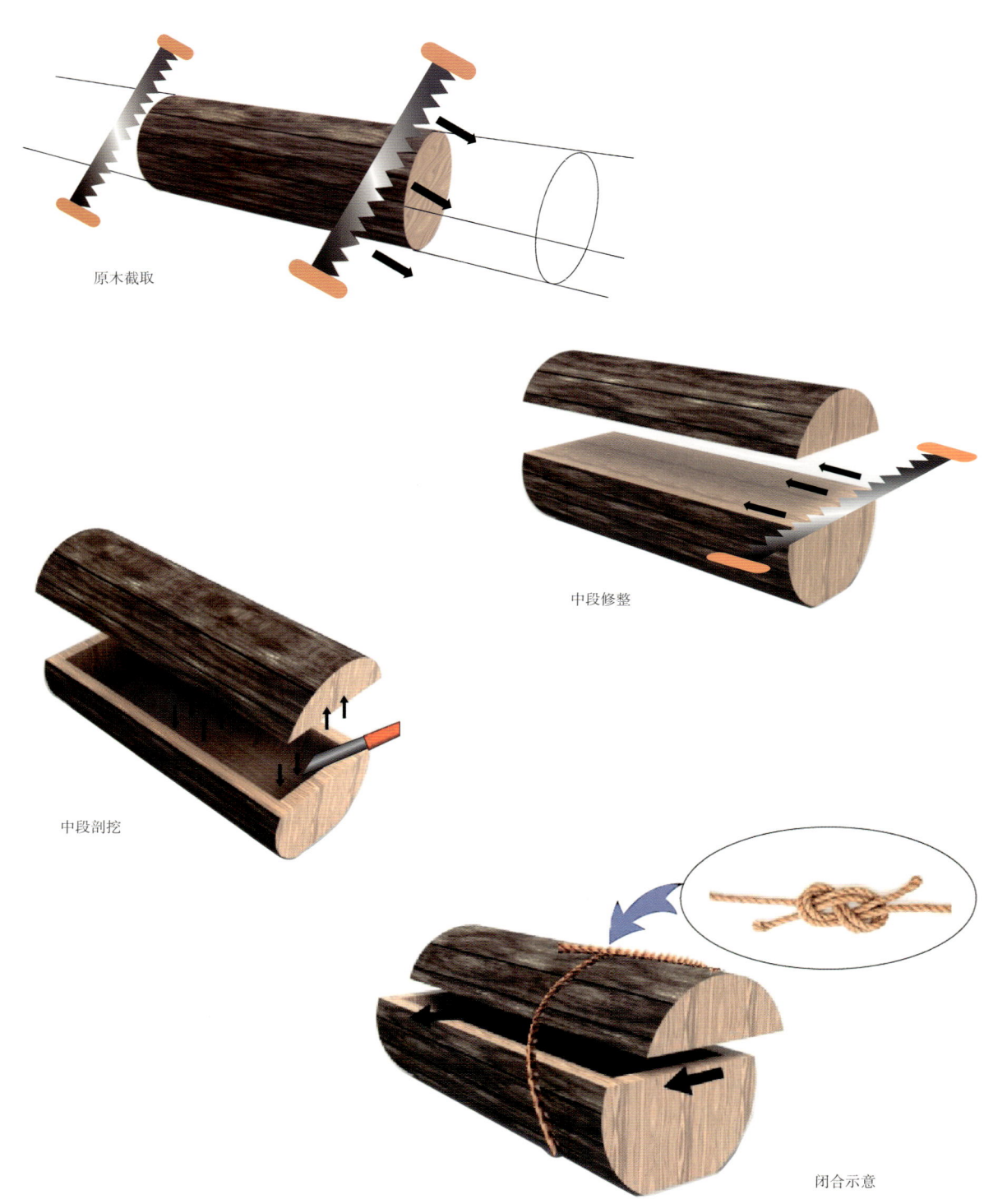

图六 基诺族独木棺制作流程图

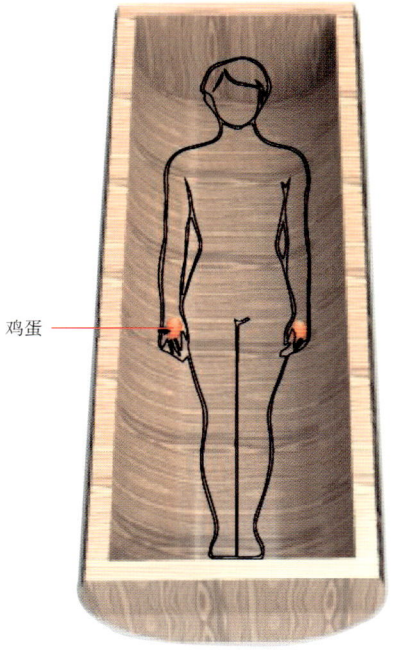

图七 基诺族独木棺葬下葬示意图

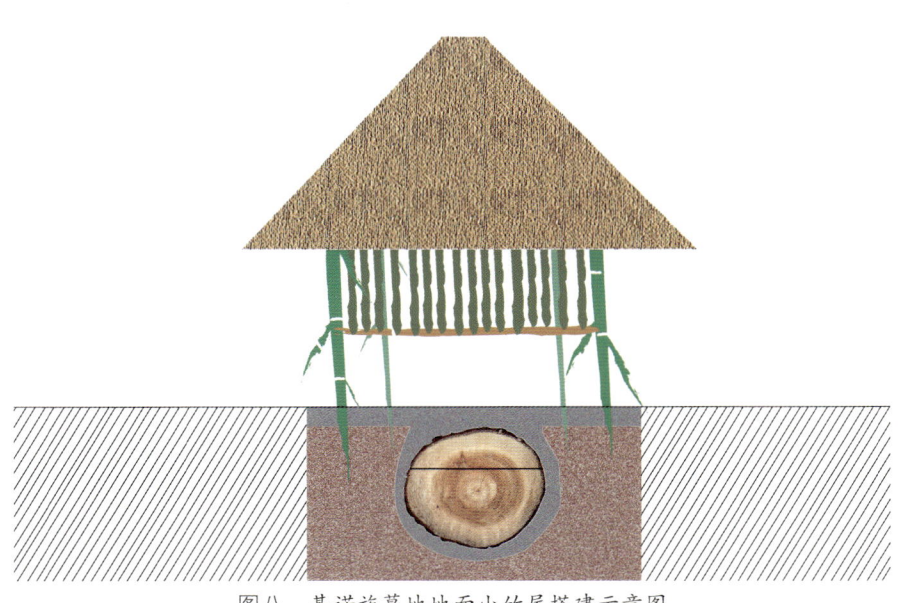

图八 基诺族墓地地面小竹屋搭建示意图

基诺族屋柱

图一　基诺族屋柱主图1之寨神柱

基诺族传统民居为干栏式、家族聚居的大房子。一般大房子（也称卓巴房）的房柱为三排，但每幢因家族人口多少、设立火塘多少不同而长度不同，所以，房柱从几根、十几根到几十根不等。按照基诺族的传统，早期的房柱一般要做成十一边形，每一边都代表着不同的灵魂。现代基诺族建筑为建造时方便起见，也有制作成八边形、四边形的。

屋柱指的是基诺族民居大房子里的几根具有特殊宗教意义的柱子。大房子一般设两个楼梯，是为正门和后门。其中，靠近正门楼梯口的第一排房柱左边的第一根房柱为寨神柱，对应的右边第一根房柱为兽神柱；而房屋最后一排房柱左边的第一根房柱为家神（父神）柱，对应的右边第一根房柱为神女（母神）柱；房屋正中间的那一棵房柱为生命柱。因此，基诺族人将大房子四个屋角和正中间的、共五棵直达房顶的长柱子称为五神柱，这五根柱子就代表了空间的神圣性。

寨神柱：进入大房子，走道左边是专门放置大鼓的房间，而大鼓紧靠的柱子为寨神柱，基诺语称"左米色巴唉科"。这根柱子既是大鼓的象征，也是村寨长老地位的象征。

兽神柱：寨神柱对面为兽神柱，基诺语称"勺科"，是男性的象征。在兽神柱的横梁上悬挂马鹿、野牛等野兽的头骨，基诺族中能够参加狩猎的成年男子，在出猎前或者在捕获大猎物后，都会到此进行祭拜或过夜守护，以表示人们对兽神的尊敬和感谢，并祈求兽神保佑猎手以后能获得更多的猎物。

生命柱：基诺语称"克科"，是整个大房子的中柱，柱子上不悬挂任何东西。生命柱是女性的象征。基诺族的妇女生下孩子后，要住到生命柱下，待孩子满月后才返回自己的居室。

父亲柱：也称"家神柱"或"黄牛柱"，基诺族称"面纽朋克"。此柱上设有建造新房时安放的家神位，还放有黄牛的头骨。父亲柱是家长"卓勒"的象征，因此，祭祀父亲柱时，一般必须由家长主持祭拜活动。

母亲柱：也称"神女柱"或"水牛柱"，基诺语称"包那朋克"。此柱下的空间是家长"卓勒"的住房，柱子上悬挂着水牛的头骨，横梁上放置巫师制作的供奉神女的小木房，并且在母亲柱下还放有一个装着铁匠打铁工具的竹箩。母亲柱的崇拜者主要是巫师和铁匠，特别是他们上任前后都要向母亲柱献祭。

基诺族信仰核心是"万物有灵"。基诺族的这些传统信仰除了社会、生活价值外，还具有突出的生态伦理价值。大房子里的五神柱既是起承重作用的结构柱，又是基诺族人极具民族特色的宗教信仰模式的体现。

图片来源
图一至图五　施魏祥　摄影
图六至图十　施魏祥　制图

图二　基诺族屋柱主图2之兽神柱

图三　基诺族屋柱主图3之生命柱

图四　基诺族屋柱主图4之父亲柱

图五　基诺族屋柱主图5之母亲柱

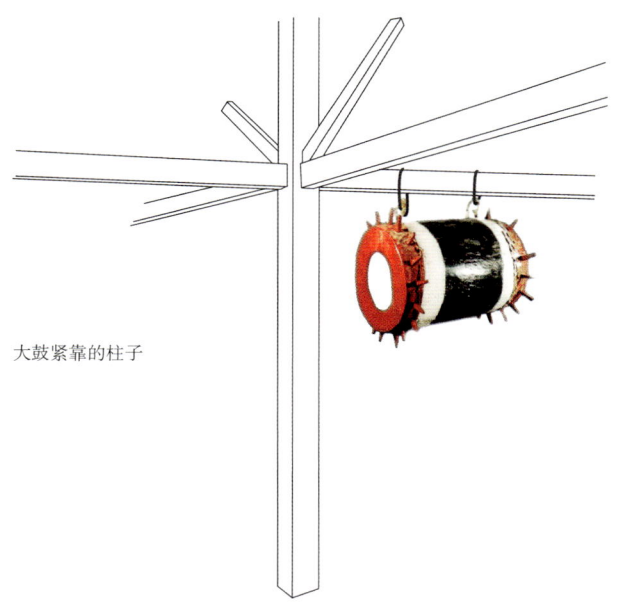

图六 基诺族屋柱之寨神柱结构示意图

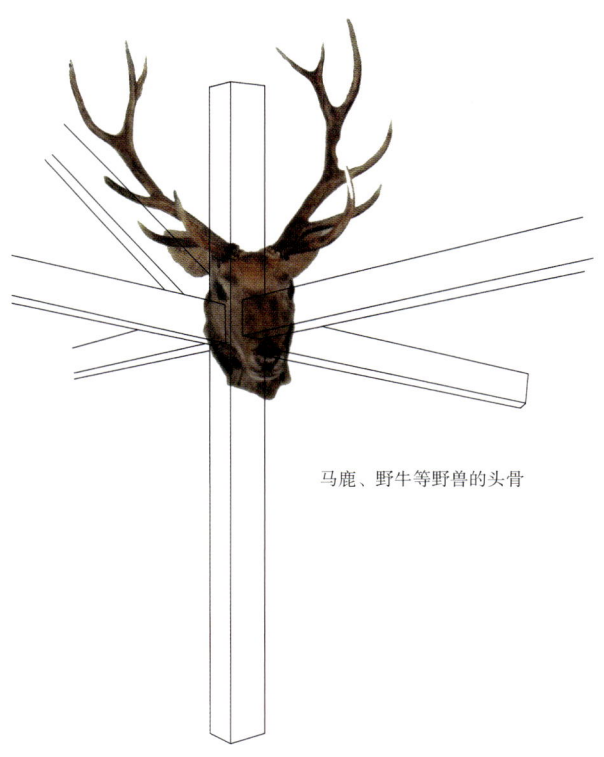

图七 基诺族屋柱之兽神柱结构示意图

图八 基诺族屋柱之生命柱结构示意图

图九 基诺族屋柱之父亲柱结构示意图

供奉神女的小木房

图十　基诺族屋柱之母亲柱结构示意图

基诺族宗教符号

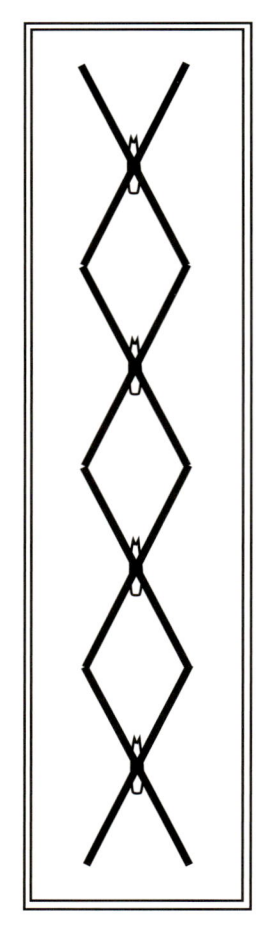

图一　基诺族宗教符号主图

基诺族的宗教符号与纹样基本处于原始艺术的形态。基诺族人用简单的图案等表现他们的神话传说，表达他们的信仰和精神寄托。这些图案制作通常以手工编织制作为主，也有雕刻、绘制制成，虽然做法简单，但并不妨碍审美及艺术的发展，其宗教符号具有十分独特的线条和色彩的美感。

基诺族崇拜太阳，在他们的生活中有很多符号体现了这一点：如基诺族男子衣背中央缝缀日月花饰、太阳鼓舞中的大鼓的形状等，均以圆形中心纹样加放射状线条的图案形式，就仿佛太阳放射光芒的形象。

在基诺族的民居中，一些特殊的屋柱常常悬挂野兽头骨等，既反映了族人狩猎的成果,也表达了一种对自然的敬畏及自然崇拜宗教信仰。与此类似的是,基诺族人也常常把一些动植物形象抽象化,形成具有宗教意味的图案,用于建筑构件的式样或装饰。例如将昆虫身体、树叶、花朵等抽象成方形、菱形、六边形等图案;动物肢体、植物枝条等抽象成线条等。图案以二方连续布局方式为主,早期比较简单,现代才逐步复杂多样。这些图案一般采用镂空、绘制等方法,装饰在栏杆、墙体和柱子等构件上。

另外,基诺族人常常使用竹篾编制成镂空六边形宗教符号,钉在民居的柱子或墙体上,用以趋利避害。

进入现代社会以来,基诺族人在生产生活上获得极大发展,但他们仍继承保留了传统宗教信仰,并利用现代手法制作。比如,在山寨入口设置大型先祖雕像、图腾柱,在柱子上用涂料绘制更具抽象意味的宗教装饰图案,盖房时仍使用六边形符镇邪等。

宗教符号不仅是一种生活中的图案样式,更是基诺族宗教精神文化的体现,在现代生活中,其具有民族特色的图案的样式和美感,仍有极大的借鉴利用价值。

图片来源
图一、图四、图五　李迪　制图
图二、图三　李迪　摄影

图二　基诺族宗教柱实物图

第七章　基诺族传统民俗和宗教造像

图三　基诺族宗教柱悬挂牛头骨示意图

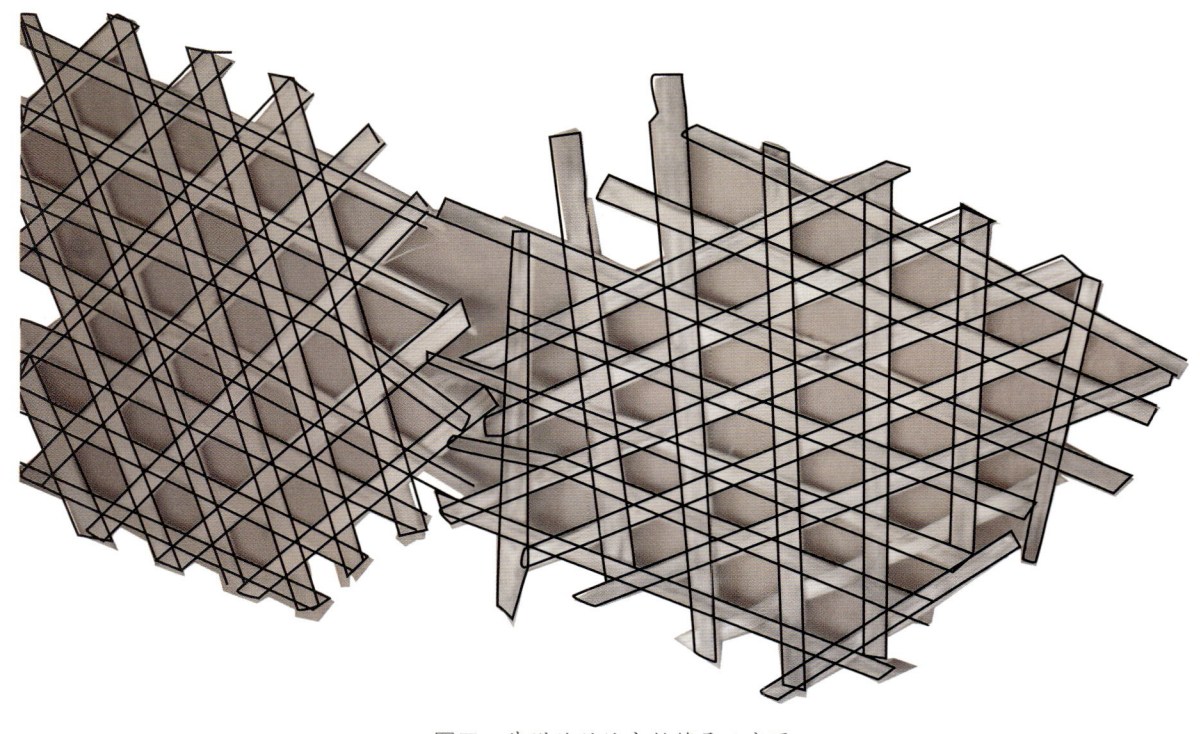

图四　基诺族竹编宗教符号示意图

图五　基诺族雕像宗教符示意图

声　明

　　本书编写时收入的个别图片，因条件所限，未能同相关著作权人取得联系，获得授权，敬请谅解。请相关著作权人及时与编者联系，以便奉上稿酬。谢谢！